ZHONGGUO ZHONGTIE SHIDA GONGFA

中国中铁十大工法

刘 辉 / 主 编
李昌宁 / 副主编

人民交通出版社股份有限公司

北 京

内 容 提 要

本书是从近年来中国中铁所属各工程局开发的众多工法中精选出来的"十大工法",主要包括:步履式架桥机架设铁路客运专线32m/900吨级整孔箱梁施工工法、无门架新型隧道模板台车衬砌施工工法、CRTSⅠ型板式无砟轨道轨道板铺设施工工法、钢弹簧浮置板道床"钢筋笼轨排法"施工工法等,由多年科研成果凝练而成,可供各施工单位项目管理和技术人员参考。

图书在版编目(CIP)数据

中国中铁十大工法/刘辉主编. — 北京:人民交通出版社股份有限公司,2020.11
ISBN 978-7-114-16927-4

Ⅰ.①中… Ⅱ.①刘… Ⅲ.①铁路施工—技术方法—中国 Ⅳ.①U215

中国版本图书馆 CIP 数据核字(2020)第 214859 号

书　　名:	中国中铁十大工法
著 作 者:	刘　辉
责任编辑:	李　娜
责任校对:	孙国靖　扈　婕
责任印制:	刘高彤
出版发行:	人民交通出版社股份有限公司
地　　址:	(100011)北京市朝阳区安定门外外馆斜街3号
网　　址:	http://www.ccpcl.com.cn
销售电话:	(010)59757973
总 经 销:	人民交通出版社股份有限公司发行部
经　　销:	各地新华书店
印　　刷:	北京印匠彩色印刷有限公司
开　　本:	787×1092　1/16
印　　张:	9
字　　数:	207千
版　　次:	2020年11月　第1版
印　　次:	2020年11月　第1次印刷
书　　号:	ISBN 978-7-114-16927-4
定　　价:	100.00元

(有印刷、装订质量问题的图书由本公司负责调换)

编委会

主　　编：刘　辉

副 主 编：李昌宁

编　　委：李　炜　　李少彬　　徐　宏　　董晓光　　戴　宇

　　　　　李海珍　　牛丽坤　　节妍冰　　李增平　　张宏智

　　　　　李　栋　　冯　立　　郝艳如　　朱晓夷　　陈文远

　　　　　刘建廷　　陈一鑫　　裴清宁　　张晓明

前言

为了进一步加大科技成果转化与推广应用,积极开发使用可提高工程安全与质量、效率与效益等的实用性新技术,并依照中国铁路总公司工程管理中心关于推广铁路衬砌施工成套技术的通知(工管质安函〔2016〕233号)、中国中铁关于推广十大工法的通知,在参考、借鉴优秀兄弟单位经验的基础上,中国中铁股份有限公司组织编写了《中国中铁十大工法》,希冀现场项目管理和技术人员遵照执行。

本书主要内容包括:步履式架桥机架设铁路客运专线32m/900吨级整孔箱梁施工工法、无门架新型隧道模板台车衬砌施工工法、CRTS I 型板式无砟轨道轨道板铺设施工工法、钢弹簧浮置板道床"钢筋笼轨排法"施工工法共十项,这些优秀工法是从近年来中国中铁所属各工程局开发的众多工法中精选出来的,是多年来科研成果凝练而成,股份公司各施工单位和项目经理部可大胆推广应用,并不断地进行技术创新,保证工程安全与质量,进一步提高项目管理水平和盈利能力。

限于作者水平和能力,书中如有不妥甚至错误之处,恳请各位读者将宝贵意见与建议反馈给我们,以便进一步修改、完善。

编 者
2020年6月于北京

目录

步履式架桥机架设铁路客运专线 32m/900 吨级整孔箱梁施工工法 …… 1

三跨钢桁梁柔性拱桥分段拼装多次带拱顶推施工工法 …… 14

带系杆斜腿刚构支架现浇预应力混凝土梁施工工法 …… 27

大型复杂曲线宽体预应力混凝土箱梁单点顶推(拖拉)施工工法 …… 38

隧道独头掘进 9500m 以上无轨运输巷道式射流施工通风工法 …… 57

无门架新型隧道模板台车衬砌施工工法 …… 67

CRTS I 型板式无砟轨道轨道板铺设施工工法 …… 77

CRTS I 型双块式无砟轨道施工工法 …… 88

客运专线 CRTS II 型板式无砟轨道施工工法 …… 102

钢弹簧浮置板道床"钢筋笼轨排法"施工工法 …… 119

步履式架桥机架设铁路客运专线 32m/900 吨级整孔箱梁施工工法

1 前言

中国中铁二局集团有限公司(以下简称中铁二局)合宁铁路工程制梁 3 包项目经理部承担合宁铁路赵店河特大桥和襄除河特大桥计 434 孔(其中 32m 梁 117 孔、24m 梁 317 孔)预应力混凝土双线简支箱梁的制、运、架及桥面系工程施工和 9 孔箱梁的试验研究任务。该桥 32m、24m 箱梁采用单箱单室截面,32m 梁顶宽 13m、底宽 5.74m,主梁梁高 3.00m,顶面排水坡度 2%,单片箱梁自重约 796t;24m 梁顶宽 13m、底宽 5.92m,主梁梁高 2.40m,顶面排水坡度 2%,单片箱梁自重约 576t,是目前我国铁路建设运梁和架设的最大吨位的预应力混凝土箱梁。

国内 2000 年在秦沈客专线架设的 600 吨级的铁路箱梁,其架设的方案和工艺都远不能满足架设 796t 的大型箱梁。为此,中铁二局的工程技术人员结合合宁铁路的设计和地域环境特点,提出了门式起重机吊梁,运梁车运梁,架桥机架设的总体方案,并联合中铁科工集团有限公司、郑州江河起重机械设备有限公司共同研制出 450t 门式起重机、900t 运梁车和 900t 架桥机,并成功摸索出一套运梁、架梁的施工工艺并形成此工法。

2 工法特点

(1)采用 2 台 450t 门式起重机起吊箱梁上运梁车,并用于运梁车和架桥机的组拼、解体。

(2)900t 运梁车桥面运梁对路基、墩台和已架设的箱梁无影响。机动灵活,对坡道及弯道适应性强,作业半径大,同时满足驮运架桥机通过路基段、桥梁进行桥间转移。

(3)900t 架桥机整机结构相对较简单,架梁及过孔程序简便,通过调节前支腿的高度,可以比较容易地架设最后一孔;整机自重轻,作用于箱梁及墩台上的支反力满足现有桥梁设计要求。

(4)运架设备安全可靠,作业效率高,配套性能好,操作简便,人工劳动强度低。

(5)设备操作系统采用智能电子遥控装置,载荷自动均衡,提梁、运梁运行平稳。

(6)配备智能遥感安全装置,智能报警,自动停机。

3 适用范围

本工法适用于曲线半径大于 5500m、纵坡坡度小于 2% 的桥梁上架设最大跨度 32m、重量小于 900t 且梁体最大宽度小于 13m 的预应力混凝土箱梁。本工法能在六级风力下正常工作。

4 工艺原理

4.1 门式起重机

MQ450t/34m 门式起重机主要由主梁、固定支腿、活动支腿、大车走行机构、起重小车、电气控制系统以及司机室、栏杆、梯子、走台等组成。

MQ450t/34m 门式起重机具有场内起吊箱梁、横移箱梁、重载自力走行(组装、解体运梁机和架桥机)、载荷自动均衡(三吊点)等功能,其主要技术参数如表1所示。

MQ450t/34m 门式起重机主要技术参数 表1

序 号	参 数 名 称	单 位	技术参数
1	运载能力	kN	4500
2	跨度	m	34
3	空载起升速度	m/min	0～1.0 调速
4	满载起升速度	m/min	0～0.5 调速
5	重载桁车走行速度	m/min	0～2.0 调速
6	空载桁车走行速度	m/min	0～4.0 调速
7	空载大车走行速度	m/min	0～10.0 调速
8	重载大车走行速度	m/min	0～5.0 调速
9	起升高度	m	≤9.5
10	适应坡道坡度	‰	±10
11	最大轮压	kN	320
12	总重量	t	280
13	电源输入电压	V	380
14	交流频率	Hz	50
15	额定全部安装功率	kW	156
16	最大额定同时输出功率	kW	96
17	最大额定同时输出电流	A	200
18	外形尺寸	m	14×38.65×17.3

4.2 YL900 型运梁车

箱梁运输采用 1 台 YL900 型 900t 运梁车进行,该车由车体、走行轮组、转向机构、托梁台车、动力系统、液压系统、电气系统及制动系统等组成。

运梁车轮压载荷的分布范围、数值严格控制在设计许可范围内。运梁车在运梁过程中左右轮组始终沿各自所在轴线对称行驶,确保驮运箱梁和机体载荷由梁腹板承担。运梁机轮组液压均衡油缸可自动调整各支点载荷使之相等。

YL900 型运梁车主要由以下几个部分组成:

(1)车体

由五个节段拼装而成,每个节段均为焊接箱形结构。各节段之间采用高强度螺栓连接。车体主梁上部设有托梁台车的走行轨道,两轨道的中心距为2m。车体前端两个固定支承与托梁台车上的均衡系统组成三点支承。车体前后设有四个限压支腿。

(2) 走行轮组

走行轮组共有 16 轴线、64 个轮胎。其中前端 6 个轴线为驱动轴，24 个驱动轮，其余为被动轮轴。驱动轮组由固定轮架、摆动轮架、均衡油缸、液压驱动马达、轮胎、轮毂、轮胎支承架、转动销及摆动销等组成。固定轮架通过横梁与主梁相连，摆动轮架通过摆动销连接在固定轮架上，均衡油缸缸头连接在固定轮架上，活塞杆头连接在摆动轮架上，通过均衡油缸的伸缩使各轮胎承载均衡。液压马达固定在摆动轮架上，通过减速机驱动轮胎。

(3) 转向机构

YL900 型运梁车采用连杆转向，由转向支座、转向油缸、推拉杆、转向臂、转向套及转向轴等组成。四个转向油缸和连杆机构实现全轮转向。不同的连杆长度可使每个轮组有不同的转角，以适应曲线行驶过程中每组轮组转角不同的要求。

(4) 托梁台车

托梁台车由链轮驱动机构、液压均衡机构、台车架及重物移运器等组成。链轮驱动装置驱动托梁台车沿运梁车主梁上的轨道移动，与架桥机起重小车载梁同步运行，完成喂梁作业。托梁台车上装有两个均衡液压缸，支承箱梁后端，与运梁车前端承重横梁的两个固定支承组成三点支承箱梁。托梁台车回梁场后，接通外接电源，可通过遥控器操作运到所需的位置。

(5) 动力系统

两台柴油发动机安装于运梁车后端，每台发动机通过分动箱带动两台主泵和控制油泵。如果一台发动机出现故障，运梁车可以通过另一台发动机低速行驶。

(6) 液压系统

液压动力系统由 4 台 250mL/r 排量的变量柱塞泵和 8 台齿轮泵组成。

(7) 控制元件

由三位六通阀、两位四通阀、平衡阀、单向阀、溢流阀及分流器等组成。执行元件由 24 台走行变量马达、32 个均衡油缸、4 个转向油缸、4 个支腿油缸等组成。液压系统设有液位、油温显示，滤油器堵塞报警装置。如果液压管路爆裂，所有油缸锁闭、驱动轮制动，运梁车处于安全状态。如果轮胎爆裂，通过截止阀切断有故障轮胎的油路，运梁车仍能运行。走行液压系统采用变量泵—变量马达闭式液压驱动回路，其他液压系统均采用开式回路。

(8) 电气系统

运梁车电气系统以 6 号工作站（EMS）为核心，运梁时作为一个独立的系统工作；对接喂梁时又作为整个控制网络的一个节点，由架桥机统一操作。

(9) 制动系统

运梁车采用双制动，即行车制动和驻（停）车制动。行车制动采用液压回路静压制动。停车制动采用零压制动。制动装置安装在走行马达减速机上。

YL900 型运梁车主要技术参数如表 2 所示。

YL900 型运梁车主要技术参数 表2

序 号	参数名称	单 位	技术参数
1	运载能力	t	900
2	空载运行速度	km/h	0~8

续上表

序 号	参数名称	单 位	技术参数
3	重载运行速度	km/h	0~4
4	适应最大坡道坡度	%	4
5	最小转弯半径	m	60
6	空载高度	mm	3662
7	重载高度	mm	3552
8	充气压力	bar①	8
9	接地比压	MPa	0.6
10	轴间距	mm	1900
11	轮胎	个	64(16轴、6轴驱动轴、24个轮)
12	整机功率	kW	2×447
13	整机自重	t	253
14	外形尺寸(空载,不包括司机室)	mm×mm×mm	36295×6844×3662

注:①1bar=0.1MPa。

4.3 JQ900A型架桥机

32m和24m箱梁架设采用JQ900A型900t架桥机进行,该机架梁作业为跨一孔简支式架梁,由YL900型运梁车运梁至架桥机尾部喂梁,起重小车吊梁拖拉取梁,空中微调箱梁位置就位,架桥机采用液压驱动轮胎走行步履纵移过孔作业方式。箱梁架设时架桥机的1号柱支撑于待架梁跨的前桥墩上,2号柱支撑于已架箱梁前端顶面,3号柱支撑于已架的桥面或路基上。JQ900A型架桥机为龙门式双主梁三支腿式结构,主要由机臂、1号起重小车、2号起重小车、1号柱、2号柱、3号柱、液压系统、电气系统、柴油发电机组以及安全保护监控系统等部分组成。

JQ900A型架桥机主要由以下几个部件组成:

(1) 机臂

机臂是架桥机的承载主梁,为双箱梁结构,全长66.0m,箱梁高3.0m,分成六个节段;两主梁中心距9m,节段间采用高强螺栓连接。机臂上盖板上铺设有起重小车走行轨道,上盖板内侧设有起重小车导向轨道,1号柱、2号柱间下翼缘板上和下盖板底部设有供1号柱托、挂轮走行的轨道。

机臂两端通过横联连接在一起,2号柱、3号柱与机臂通过高强螺栓固定连接。1号柱纵移时可与机臂相对运动,架梁时通过节点定位装置与机臂固定铰接。2号柱、3号柱部位采用马鞍形横联连接,马鞍形结构既可以保证起重小车的通行,又能提高整机的横向整体性。

(2) 起重小车

JQ900A型架桥机配有两台起重小车,有各自独立的起升机构、走行机构和横移机构。每台起重小车装有两套独立的起升机构,后小车的两套起升机构通过均衡机构使左右吊点受力均衡,从而将架桥机吊梁作业时的四吊点转换成三吊点,使箱梁均衡受载,平稳起落。

起重小车采用凹式结构架。走行机构采用链传动牵引,重物移运器承重走行的方式。起重小车起升机构为电机驱动,行星齿轮减速机为内藏式卷扬机传动。起升机构的高速轴和卷筒上均设有制动装置,高速轴采用液压推杆制动器作为常规运行制动,电机与减速机之间通过带制动轮的齿轮联轴器连接;低速级采用液压盘式制动器作为紧急制动。

起升机构包括起升卷扬机、动滑轮组、定滑轮组和均衡滑轮等,滑轮组倍率为 2×16,其中均衡滑轮架上安装有荷重传感器,可以实时反映起升载荷。起重小车卷扬机构采用主动排绳器排绳。

(3) 1 号柱

1 号柱支撑在前方墩台前半部支撑垫石上,主要由托挂轮机构、折叠柱、伸缩柱等组成。架梁作业时与机臂纵向固定成铰接结构,成为柔性支腿,与机臂、2 号柱组成龙门架结构,满足架梁作业支撑要求。纵移作业时 1 号柱与机臂之间可相对运动,实现架桥机步履纵移。

1 号柱设有折叠机构,可以满足正常架梁和最后一孔箱梁架设时 1 号柱上桥台支撑的需要。1 号柱与机臂有三个固定位置可以满足三种不同跨度箱梁的架设。

(4) 2 号柱

2 号柱位于机臂中部,与机臂固定连接,是"龙门架"结构中的刚性支腿,为"O"形门架结构。根据其受力特点,在龙门架平面设计成上宽下窄形式,以提高与主梁的连接刚性。

2 号柱的下横梁设有两个支腿,通过液压油缸实现支撑枕木的支垫和拆除,满足纵移时换步和架梁作业时稳定支撑要求。由于运梁车驮运架桥机工况的需要,下横梁设计成可拆卸式。

(5) 3 号柱

3 号柱是架桥机纵移驱动支柱,为满足运梁车喂梁通过及架桥机纵移驱动要求设计成门架结构,由升降柱、折叠机构、走行机构、液压悬挂均衡装置、转向机构等组成。

升降柱、折叠机构使 3 号柱有两种支撑工位——宽式支撑和窄式支撑。

升降柱的升降通过油缸推动实现,架梁作业和走行作业时由销轴锁定。升降柱的内外柱之间有几个孔位,通过调整 1、3 号柱插销孔位可以调整机臂的纵向水平度,使其不大于 7‰。

3 号柱为轮胎式液压驱动走行,8 轴 16 对轮轴,32 个轮胎,其中 12 个轮胎为驱动轮。走行轮组通过不同路况时,液压悬挂油缸能对走行轮轴作竖向补偿,并使各走行轮受载均衡。同时走行轮轴可以横向适量摆动,以适应线路横坡情况。

(6) 液压系统

架桥机液压系统根据其结构及使用特点,采用分散式布局,分成 1 号柱、2 号柱、3 号柱及起重小车等五个分系统,分别由液压泵站、控制元件、执行元件等组成。

(7) 动力机组

一台 250kW 移动式发电机组,通过主电缆向架桥机提供动力,每个液压动力单元的电力均由安装在主梁内的主电缆及分控柜提供。

(8) 电气系统

JQ900A 型架桥机电气系统硬件架构为无线局域网,是架桥机的控制核心。由 1 号柱、2 号柱、3 号柱、1 号起重小车、2 号起重小车、运梁车等六个子系统组成。所有操作通过屏幕及遥控器统一进行,主屏幕将实时同步显示系统关键点数据及电气系统本身各部分的工作状态,提供人机界面,直观监视各项安全保护参数的动态变化,同时提供多媒体声像报警。JQ900A

型架桥机主要技术参数如表3所示。

JQ900A型架桥机主要技术参数　　　　表3

序 号	参 数 名 称	单 位	技 术 参 数
1	额定起重量	t	900
2	适应线路纵坡	‰	20
3	最小工作曲线半径	m	5500
4	吊具底面至桥面净空	m	7.5
5	外形尺寸	m×m×m	66.0×17.4×12.578
6	吊点数	个	4
7	整机配电功率	kW	280
8	工作效率（理论架梁速度）	h	一个工作循环为4h
9	驱动方式		液压驱动、无级调速、轮胎走行
10	梁起吊方式		架桥机采用"三吊点"起吊系统
11	单件最大重量	t	16.5
12	最大机臂节段（长×宽×高）	m×m×m	12.0×1.5352×3.06
13	架桥机纵移速度	m/min	0.1~3.0（3号柱推动驱动,步履纵移）
14	桁车起升速度	m/min	0.1~0.96（空）、0.1~0.48（重）
15	桁车起运行速度	m/min	0.1~4.78（空）、0.1~2.21（重）
16	重量	t	498

5 施工工艺流程及操作要点

5.1 施工工艺流程

施工工艺流程详见图1。

5.2 操作要点

5.2.1 桥梁运输

（1）箱梁吊装

2台MQ450t/34m门式起重机以0.5m/min的速度起升箱梁至运梁车放置高度2m位置处,停止起升;再以2.0m/min的速度横移至运梁车上方,落梁至运梁车上。

（2）箱梁运输

运梁机走行时两侧设专人监护,避免由于走行方位误差过大造成就位困难及倾覆危险。

5.2.2 架桥机纵移过孔

（1）架桥机由宽式变窄式

1、2号起重小车走行到落梁位,连接3号柱下横联,操作3号柱的液压系统,拔出3号柱柱体定位销,提升3号柱,操作折叠机构由宽式变窄式,走行轮组内摆至走行位置,穿好柱体定位销成窄式支撑,见图2。

（2）架桥机纵移

2号起重小车退到机臂尾部,用刚性横联将1号柱与已架设箱梁吊梁孔张紧并用手动葫芦做好1号柱保险张拉,拆除2号柱支撑垫木,取下1号柱定位销,驱动3号柱走行机构纵移架桥机,见图3。

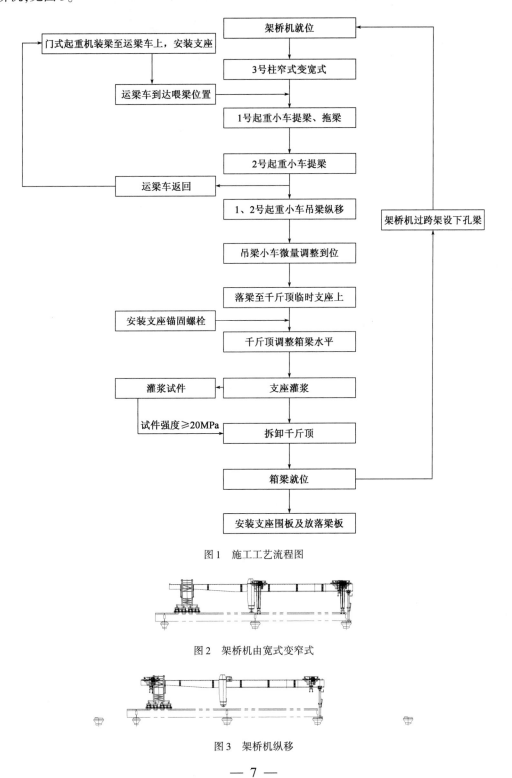

图1 施工工艺流程图

图2 架桥机由宽式变窄式

图3 架桥机纵移

(3)支撑2号柱

架桥机纵移到位后,垫好2号柱支撑垫木,1号小车退到机臂尾部准备纵移1号柱,见图4。

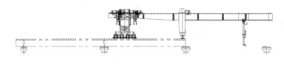

图4 支撑2号柱

(4)1号柱纵移

操作1号柱液压系统,拔出1号柱下升降油缸定位销,将1号柱下柱身上提,纵移1号柱,走到1号柱机臂上定位销座穿定位销,在桥墩上支撑1号柱并穿定位销,拧好1号柱辅助螺旋支腿,见图5。

图5 1号柱纵移

(5)架桥机窄式变宽式

1、2号起重小车走行到机臂前端,操作3号柱的液压系统,拔出3号柱升降的定位销,提升3号柱,操作折叠机构使走行轮组外摆至宽式支撑并穿好定位销,打开3号柱下横联,见图6。

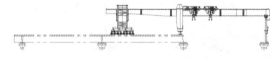

图6 架桥机由窄式变宽式

(6)准备吊梁

1、2号起重小车走行到后机臂取梁位置,让1号起重小车距2号柱中心2.8m处等待吊梁,见图7。

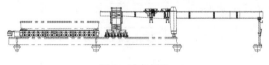

图7 准备吊梁

5.2.3 喂梁

(1)3号柱窄式变宽式,调整均衡油缸并支撑到桥面上,拆除3号柱的下横联,转动90°,让出喂梁通道。

(2)运梁车继续前行至1号桁车吊梁位,运梁车停车,支起运梁车前机组液压辅助支腿受力,见图8。

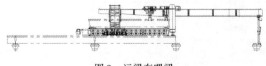

图8 运梁车喂梁

5.2.4 吊梁纵移

(1)1号起重小车取梁:将1号起重小车运行到待架梁的前吊梁孔,安装吊架起吊箱梁,见图9。

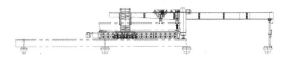

图9　1号小车取梁

(2)拖梁:1号起重小车吊起箱梁,使箱梁底面离开运梁车支承面100mm,1号起重小车与运梁台车同步运行,将梁拖到2号起重小车取梁位,见图10。

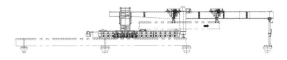

图10　拖梁

(3)2号起重小车取梁,运梁车退出:将2号起重小车运行到待架梁的后吊梁孔,安装吊架起吊箱梁,运梁车从3号柱下部退出,到梁场装运下一孔箱梁,见图11。

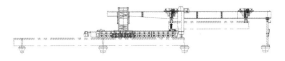

图11　2号小车取梁

(4)落梁:1、2号起重小车走行到位后降低梁体的高度,箱梁底面距支座上平面1.5m停止,安装支座板预埋螺栓,见图12。

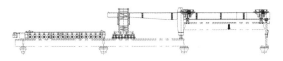

图12　落梁

(5)调整梁位,落梁就位:利用起重小车走行和横移功能调整落梁位置,落梁到临时支撑千斤顶上,通过千斤顶调整梁体位置及高程,见图13。

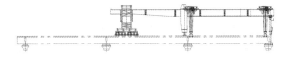

图13　调整梁位,落梁就位

5.2.5　架设最后一跨箱梁

架桥机架设倒数第二孔梁与架设中间梁的作业程序完全一样。架设最后一孔梁时,架桥机纵移到位后,先拆除1号柱折叠柱间的连接螺栓,收缩折叠油缸,收起折叠柱,然后1号柱走行过孔到前方桥台。伸出1号柱基本柱上的伸缩柱,支撑到桥台上;然后将3号柱由窄式支撑变换为宽式支撑,起重小车运行至取梁位置,架桥机即完成纵移作业,处于待架梁状态,见图14与图15。

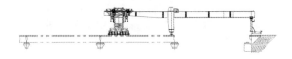

图14　1号柱支撑到桥台

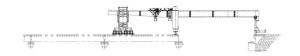

图15　架桥机完成纵移处于待架状态

5.3　劳动力组织

劳动力组织分配详见表4。

劳动力组织分配表　　　　　　　　　　表4

岗位说明	人员配置及分工	人员数量(人)
门式起重机	负责桥梁的吊装、装配桥梁配件	12
桥面运梁	桥面运输、运梁车走行监护	8
箱梁架设	临时支座、正式支座安装,箱梁架设	24
维修、保养	负责提梁机、运梁车、架桥机的检测和维修保养	10

6　材料与设备

主要机具设备详见表5。

主要机具设备表　　　　　　　　　　表5

序号	设备名称	规格型号	单位	数量	用途
1	450t门式起重机	MQ450t/34	台	2	吊箱梁至运梁
2	900t运梁车	YL900	台	1	运输箱梁
3	900t架桥机	JQ900A	台	1	架设箱梁

7　质量控制

(1)建立各级技术人员的岗位责任制,逐级签订技术承包责任状,做到分工明确,责任到人,严格遵守基建施工程序,坚决执行施工规范。

(2)在施工前,组织有关人员认真学习新技术、新工艺、新材料、新设备、新测试方法的技术要点,并认真进行技术交底,确保在施工中正确应用,提高工程质量。

(3)设专职质检工程师,在施工过程中自下而上,按照"跟踪检测""复检""抽检"三个等级分别实施质量检测职能。

(4)架桥机经过检查、验收、试吊签证,箱梁在运架过程中不允许出现裂缝。

(5)架梁前必须复核检查桥墩里程、支座垫石高程、支座中心线及预埋件等竣工资料,待架箱梁梁型与设计梁型一致。

(6)施工中各项技术标准应满足箱梁设计图号为:"通桥(2005)2221"《时速250公里客运

专线铁路有砟轨道后张法预应力混凝土简支箱梁(双线)》的要求。

8 安全措施

(1)建立安全领导小组和安全生产管理网络,建立和落实各级安全生产责任制度。

(2)建立各项安全生产规章制度和安全操作规程,建立相应的内部考核制度,积极落实安全生产检查制度和事故整改制度。

(3)加强作业安全的管理力度,制定专项安全管理制度。

(4)定时、定员组织对项目安全工作进行全面检查,检查和评比相结合,严格奖惩制度。

(5)设安全可靠的内外围栏、醒目的安全警告标志牌、安全标语。

(6)由于架梁作业属高空作业,因此作业人员必须拴系安全带;施工现场必须挂安全网。

(7)尽量避免上下层交叉作业,不得已时采取适当的安全防护措施。

(8)加强风速监控,一般情况下遇有六级以上大风,应停止一切高空和装吊作业。

9 环保措施

(1)水土保持措施。为保证地表径流的排泄,工程施工不要切割、阻挡地表径流的畅通,不得强行改变径流的方向或改沟、改河。临时用地范围的裸露地表植草或种植树木绿化。

(2)防止噪声污染措施。针对施工过程中产生的噪声,对动植物和人体损害均较大,为了保护环境,应尽量减少噪声污染,避免夜间作业。对机械设备产生的超分贝噪声利用消音设备减噪。

(3)防止水污染措施。施工营地生活废水就近排入不外流的地表水体,严禁将生活污水直接排放至江河中,对于含沙量大且浑浊的施工生产废水,采用沉砂池处理后再排放,含油废水经隔油池处理后排放,防止油污染地表和水体。

(4)维护生态平衡系统,避免人为恶化环境措施。加强生态环境保护的宣传工作,使全体参建员工充分认识对环境保护的重要性和必要性,加强环保意识。制定详细的环境保护措施,建立严格的检查制度,避免人为恶化环境。保护好铁路沿线的植被、水环境、大气环境、自然生态环境、土壤结构、自然保护区、野生动植物,维护生态平衡系统。

(5)地表植被的保护。合理规划施工便道、施工场地,固定行车路线、便道宽度,限制施工人员的活动范围,尽量少扰动地表、少破坏地表植被。

(6)生产生活垃圾处理及油料管理。严禁将生活污水直接排放至江河中,含油废水经隔油池处理后排放,防止油污染地表和水体。生活污水经化粪池处理后排放。

(7)施工营地设置集中垃圾收集地,设专人管理,经无害化处理后排放,定期填埋,严禁就地焚烧。对营地生活垃圾(包括施工废弃物)集中装运至指定垃圾处理场处理。将不能处理的垃圾运到设有处理设施的厂处理。

(8)油和废油的管理:机械维修、油料存放地面应硬化,减少油品的跑、冒、滴、漏,所有油罐要有明显的标志,在不使用时要密封;严禁随意倾倒含油废水,应集中处理。

(9)生态环境保护措施。征地拆迁范围内的野生植物,根据《中华人民共和国野生动植物保护条例》向有关部门申报,根据野生植物行政主管部门的意见采取措施,合理保护植物资源。保护施工沿线的古树和其他珍稀树种,防止对古树造成损伤。

10　效益分析

中铁二局合宁铁路全椒制梁场采用 JQ900A 架桥机、YL900 运梁车、MQ450t 门式起重机完成箱梁起吊、运输、架梁作业,经济及社会效益显著,主要体现如下:

10.1　经济效益

客运专线(高速铁路)900 吨级箱梁运架施工方法在我国铁路是首次使用,难以与普通铁路的 160 吨级的桥梁运架施工方法进行比较。与架设同等箱梁的下导梁式架桥机比较,具有以下经济效益:

(1)该架桥机的结构方式在过跨时,与下导梁式架桥机比较,辅助工作量少,施工人员的劳动强度低,不需借用任何辅助设备、材料实现过跨工序。

(2)该架桥机的结构方式在桥间转移时,与下导梁式架桥机比较,桥间转移时不需借用任何设备,辅助工作量少,每次靠自身功能就可进行桥间转移。

(3)充分运用 MQ450 门式起重机有效的净空高度,完成架桥机机臂以下的拼装,减少架桥机拼装的辅助工作量,节约架桥机拼装的时间。

采用 JQ900A 架桥机、YL900 运梁车、MQ450t 门式起重机完成箱梁起吊、运输、架梁作业,辅助工作量少,施工人员的劳动强度低,工效高,经济效益好。

10.2　社会效益

(1)解决了我国客运专线(高速铁路)900 吨位箱梁运架施工的难题,开创了铁路架梁史的新篇章,设计人性化,设备机械化程度高,操作简单、方便,安全可靠度高,充分简化了传统的架梁程序,减少了劳动力的投入,降低了工程造价,缩短了工程工期,提高了铁路桥梁工程建设速度。

(2)全路客运专线率先实现 900 吨级箱梁起吊、运输、架设,众多行业专家和同行来现场观摩学习,为国内客运专线箱梁预制树立了典范,社会效益显著。

11　应用实例

(1)新建铁路西安南京线合肥至南京工程 32m/900 吨级预应力混凝土箱梁运架施工。

①工程概况

新建铁路西安南京线合肥至南京段,位于沪汉蓉快速通道的东段,是国家规划的"四纵四横"快速客运网的重要组成部分,线路全长 166km,是我国第一批开工建设的客运专线之一。该线时速 250km 32m/900 吨级运架设备关键技术研究,在我国铁路史上尚属首次。中铁二局合宁项目部承担着该段 442 孔(其中 32m 梁 118 孔,24m 梁 324 孔)预制预应力混凝土简支箱梁的制造架设任务,并承担了 9 孔箱梁的试验研究任务,合同金额约 2.5 亿元,合同工期为 2005 年 7 月 20 日至 2007 年 4 月 30 日。梁场建于合宁线全椒货场,赵店河、襄滁河两座特大桥之间。

②施工情况

研制的首套"900 吨级箱梁运架设备"于 2006 年 3 月 19 日成功架设了国内第一孔 900 吨级 32m 双线箱梁。2007 年 4 月 3 日,安全高效地完成了本项目 442 孔梁运架任务。2007 年 4 月 3 日,通过了铁道部科技司、建设司共同组织的专家评审。

③工程结果评价

本工法在中铁二局合宁项目部32m、24m混凝土箱梁运架施工中得到了成功应用。整个箱梁运架过程处于安全、稳定、高效、优质的可控状态。在合宁客运专线箱梁架设中创造了15h架设3孔24m双线箱梁的业绩,验证了该工法的先进性和安全可靠性,工程质量优良率98%以上,多次在铁道部质量信誉评价中获较好名次,无安全事故发生,得到了各方好评。

(2)武广客运专线XJDI标段箱梁运输和架设工程,共架设箱梁207孔。采用本工法,安全、高效、优质地完成了架设任务,为武广客运专线施工工期提供了有力保障。

(3)中铁二局京津城际轨道交通工程项目采用本工法进行箱梁的架设施工,从2006年8月起至2007年8月,安全、优质、高效地完成了806孔箱梁的架设。

(4)中铁二局哈大客运专线项目采用本工法进行箱梁的架设施工,从2008年7月起至2009年1月,安全、优质、高效地完成了467孔箱梁的架设。

截至2009年1月,中铁二局所有的三套"900吨级箱梁运架设备"(三套设备分别于2006年3月、2006年8月、2006年10月投入使用)分别在合宁客运专线、京津城际轨道交通、武广客运专线和哈大客运专线工程中共架设900吨级双线箱梁约1817孔。

该套设备总体设计合理,配套选型正确,制造优良,性能稳定,经济及社会效益显著,已在我国高速铁路或客运专线的桥梁修建工程中发挥了非常重要的作用。截至目前,国内共有7台JQ900A型架桥机、9台YL900型运梁车投入使用,另外还有在JQ900A型架桥机基础上衍生开发的3台JQ900B型架桥机和1台JQ900C型架桥机亦在使用中。因此,随着我国高速铁路或客运专线建设高潮的到来,"步履式架桥机架设铁路客运专线32m/900吨级整孔箱梁施工工法"必将具有更加美好的推广应用前景。

三跨钢桁梁柔性拱桥分段拼装多次带拱顶推施工工法

1　前言

钢桁梁柔性拱桥具有跨越能力强、动力性能好、桥面至梁底建筑高度小、成桥建筑美观、跨越既有公路或河流对交通干扰小等特点，小角度斜交跨越城市干道、高速公路、通航河流时，具有独特的优势，成为高速铁路大跨度桥梁中具有竞争力的主要现代结构形式之一。

合肥铁路枢纽南环线工程是沪汉蓉高速铁路的重要组成部分，其中经开区、南淝河两座特大桥设计均为小角度斜跨高速公路的钢桁梁柔性拱结构，如何在高速公路不间断行车条件下保证钢桁梁柔性拱施工中的结构安全、施工安全及高速公路运营安全是本工程的技术难点。

经过科技攻关、专家论证，中国中铁四局集团有限公司（以下简称中铁四局）首次对钢桁梁柔性拱桥采用分段拼装、多次带拱顶推的施工新技术，突破了传统的拱结构施工工艺，解决了大吨位、大跨度多点顶推架设和柔性拱拱脚合龙的技术难题。形成的科技成果通过安徽省科技厅鉴定，达到了国际领先水平；获得国家授权专利 7 项，其中"大跨度钢桁梁多点顶推系统及其顶推工艺（专利号 ZL 2010 10501988.7）"等 2 项为发明专利；获得优秀 QC 成果 5 项，其中"钢桁梁安装 QC 小组"荣获"2012 年全国工程建设优秀 QC 小组活动成果一等奖"。通过该项目的工程实践，经总结形成本工法。

2　工法特点

（1）在边跨单端平台上集中拼装钢桁梁节段，实现桥位作业工厂化、标准化及机械化施工，保证了钢梁拼装质量及精度。

（2）通过模拟计算分析研究，科学合理地布设主跨辅助墩和优化长导梁设计，减少顶推最大悬臂时钢梁的应力和变形。

（3）顶推施工中，研究采用上滑道可置换、下滑道多节段间断布置的方式，创造性地解决了顶推过程上下滑道不连续的关键技术难题。

（4）采用移动式高度可调节的滑块，结合同步顶推系统和多点横向纠偏装置来实现多点顶推，保证成桥线形，使梁体受力合理。

（5）在高速公路限界外进行柔性拱和钢桁梁的同步拼装架设，钢桁梁带拱顶推，保证了高速公路施工及运营安全，降低了涉路施工风险。

（6）在单端短平台上方利用起顶装置竖向起顶下弦节点，调整钢桁梁线形，并在拱肋箱体内互顶合龙口，实现了柔性拱拱脚高精度合龙，避开了跨中合龙对高速公路运营的干扰，合龙作业操作方便。

3 适用范围

本工法适用于跨越公路、铁路、河流、深谷的大跨度钢桥架设,对其他领域大型构件的整体提升、顶推滑移等牵引作业也具有借鉴意义。

4 工艺原理

在边跨单端设置短平台,利用门式起重机进行钢桁梁分段拼装、调整成设计线形后,采用布置在各辅助墩上的移动式高度可调节滑块、多点纠偏装置和顶推同步控制等系列辅助顶推设备,实现钢梁的多点连续顶推前移。在钢桁梁顶推架设的同时,进行柔性拱的拼装架设,在拱未成体系时,钢桁梁多次带拱顶推。待柔性拱在拱脚合龙后,继续进行钢桁梁带拱整体顶推,直至全桥顶推就位,突破了先梁后拱的传统施工技术。钢桁梁分段拼装、多次带拱顶推工艺原理见图1。

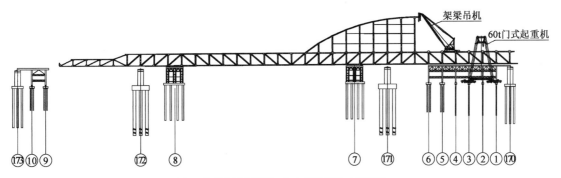

图1 钢桁梁分段拼装、多次带拱顶推工艺原理

5 施工工艺流程及操作要点

5.1 施工工艺流程

钢桁梁柔性拱桥分段拼装、多次带拱顶推施工工艺流程见图2。

5.2 操作要点

5.2.1 单端短平台和辅助墩施工

(1)单端短平台施工。施工前结合现场施工条件,通过计算确定在边跨单端设置数个节间的钢管桁架结构的单端短平台,以供拼装和顶推施工,确保满足顶推抗倾覆的要求。平台基础采用钢筋混凝土桩基础,顶部设置箱形的滑道梁,滑道梁上安装顶推装置。边跨单端拼装平台示意图见图3。

(2)跨中辅助墩施工。根据现场环境条件,在主跨两端设置1个节间长度的辅助墩,辅助墩结合跨越环境及减小钢梁的悬臂长度进行布置。为避免与高速公路发生干涉,辅助墩上部钢支架横断面设计成"V"字形。辅助墩示意图见图4。

5.2.2 顶推装置布置

(1)水平顶推装置布置

水平顶推装置采用机电液一体化设计,由机电液集成控制平台、水平连续千斤顶及液压泵站、钢绞线、C形反力座组成。为保证每套水平千斤顶的顶推连续,水平连续千斤顶由2台串联的穿心式液压千斤顶组成,当1台进行负载顶推动作时,另1台空载返回,准备进行千斤顶的负载转换,使顶推过程的钢桁梁处于连续的运动状态。水平顶推装置由左右两组千斤顶组成,设置在桥梁两侧,根据顶推摩阻力及支点位置选择顶推装置数量及千斤顶型号。全桥设3套水平顶推装置。千斤顶顶推力通过钢绞线和C形反力座带动钢梁前移。施工中应对钢绞线进行预张拉,以确保每股钢绞线受力均匀。

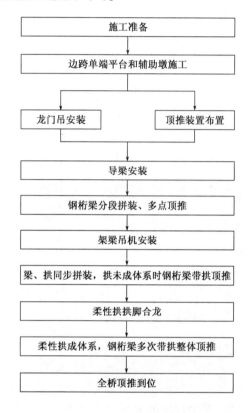

图2 施工工艺流程图

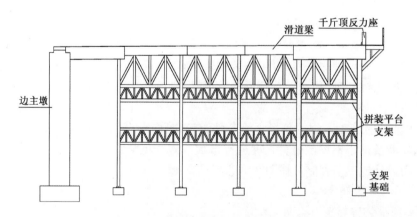

图3 边跨单端拼装平台示意图

(2)上、下滑道布置

钢桁梁只能节点受力,上滑道采用移动式高度可调节的铰接箱形滑块,底部镶嵌聚四氟乙烯板作为上滑道面。下滑道因高速公路阻隔不能连续布置,采取间断式布置,即在辅助支架的滑道梁顶面焊接不锈钢板面。四氟乙烯板与不锈钢板面作为滑动摩擦副,形成顶推滑移的上下滑道面,滑动面涂抹润滑脂。经过对顶推滑移工况的统计分析,启动静摩擦系数为0.08,滑动摩擦系数为0.05。

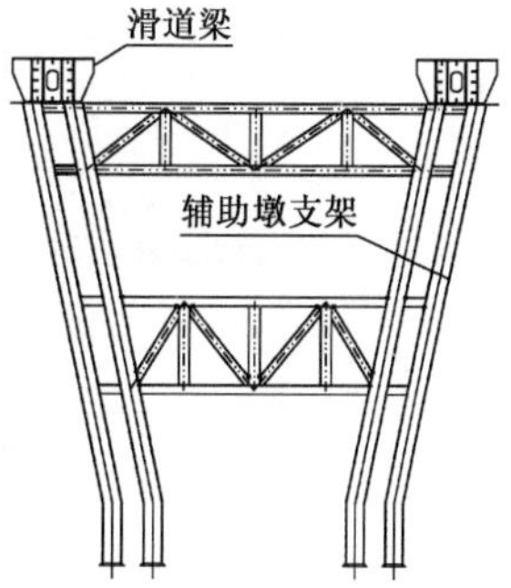

(3)竖向起顶装置布置

竖向起顶装置由竖向千斤顶和起顶保护装置组成。根据各顶推工况支反力结果,在各墩顶处布置了竖向千斤顶。每顶推一个节间,利用千斤顶在钢梁下弦设计起顶位置起顶,置换滑块,以备后续顶推。

图4 辅助墩示意图

(4)纠偏装置布置

在滑道梁两侧焊接横向限位挡块,限制滑块偏移,实现主动纠偏。当横向偏移超差时,利用纠偏装置实现强制纠偏。强制纠偏装置由横向反力座、横向千斤顶组成,在滑道两侧对称布置。千斤顶通过横向反力座施力于滑块,实现钢梁的横向偏差调整。

顶推装置平面布置见图5,顶推装置工作原理见图6。

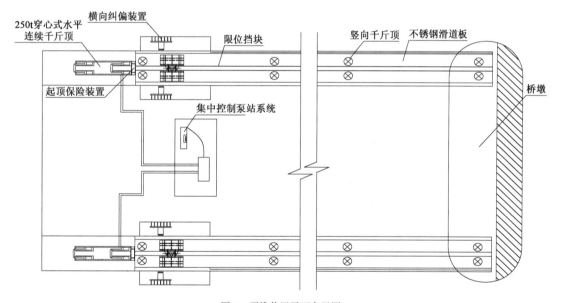

图5 顶推装置平面布置图

5.2.3 导梁安装

(1)为减小钢桁梁最大悬臂状态支点处负弯矩和前端挠度,在其前端设置钢导梁。导梁长度为钢桁梁最大悬臂长度的2/3,采用带竖杆的N形三角桁架,共8个节间。其主桁弦杆为箱形截面,上、下平面联结系及交叉形横联均采用"H"形截面。

(2)为满足上墩需要,导梁前端预抛高,前端节点上翘,内嵌长行程液压千斤顶,预抛高值和上翘值之和大于最大悬臂工况时导梁前端下挠值(由工况计算确定)。导梁末端通过栓接节点与主桁梁连接。导梁示意图见图7。

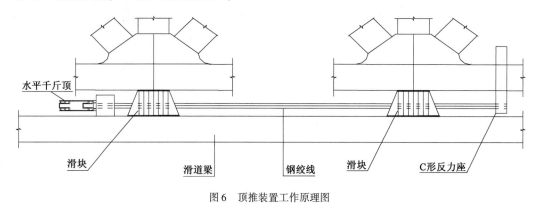

图6 顶推装置工作原理图

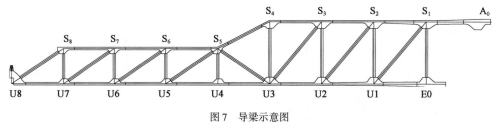

图7 导梁示意图

5.2.4 钢桁梁分段拼装、多点顶推施工工艺

（1）在边跨单端平台上，利用门式起重机按照下弦→桥面板→竖、斜腹杆→上弦→桥门架→上弦平联的顺序进行钢桁梁分段拼装。通过滑块上部抄垫板调整以实现设计预拱度，控制整桥线形。

（2）根据顶推架设工况，钢桁梁分段拼装一个轮次（数个节间长度）后，利用顶推装置多点顶推钢桁梁前移。

（3）根据工况支点反力及摩擦力计算，确定水平千斤顶的顶推力，利用控制台调整各千斤顶的油压值，使两主桁千斤顶的受力一致。

（4）钢桁梁只能节点受力，每顶推一个节间后，根据各支点支反力，在钢梁设计起顶位置布置相应数量的竖向千斤顶，同时对两主桁钢梁下弦节点起顶，控制两侧高差不大于5mm，置换滑块移至后一个节点处，准备下一节间顶推，如此循环，直至一个轮次顶推完成。

钢桁梁分段拼装、多点顶推示意图见图8。

5.2.5 拱未成体系时钢桁梁带拱顶推

（1）突破了传统先梁后拱的施工工艺，首次采用了拱未成体系时，梁拱同步拼装，钢桁梁带拱顶推施工工艺，顶推工艺步骤如下：

①步骤一：柔性拱拱脚顶推至主跨跨中辅助墩时，在高速公路限界范围外架梁吊机在钢桁梁上方单向退步法开始架设柔性拱。施工步骤见图9。

②步骤二：继续利用门式起重机架设钢桁梁，架梁吊机同步安装柔性拱，柔性拱未成体系时，钢桁梁带拱多次顶推架设。施工步骤见图10。

③步骤三：继续钢桁梁带拱顶推架设，当导梁上边墩时，每向前顶推一个节间同时拆除一个节间钢导梁。在柔性拱拱脚处预留合龙口。施工步骤见图11。

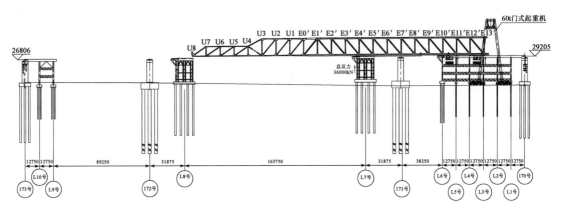

图8 钢桁梁分段拼装、多点顶推示意图(尺寸单位:mm)

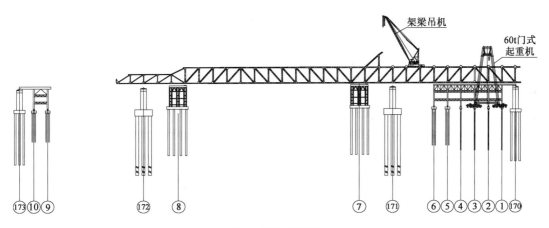

图9 步骤一示意图

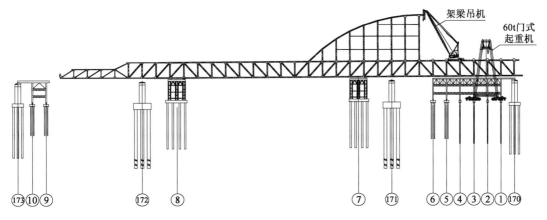

图10 步骤二示意图

(2)顶推工况采用大型软件模拟分析计算,对顶推过程中的主体结构、导梁及辅助墩进行受力验算,确保顶推过程中安全可靠。

(3)为加强柔性拱的稳定性,对吊杆进行支撑加固。经过工况分析和受力计算在吊杆间纵横向设置临时支撑体系。为减少支撑体系对吊杆的损伤,创新地采用新型柔性拱支撑抱箍及支撑框架结构,并获得了两项国家专利(申请号:201120457755.6/201120457764.5)。柔性拱纵横向支撑体系示意图见图12与图13。

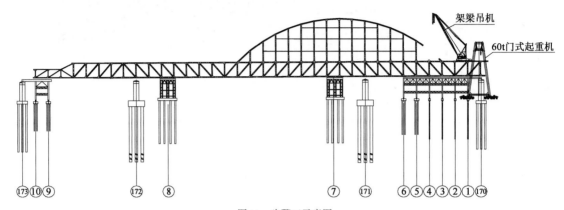

图11 步骤三示意图

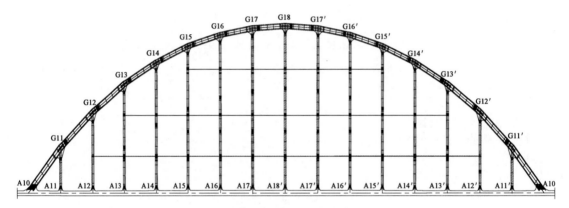

图12 柔性拱纵向支撑布置图

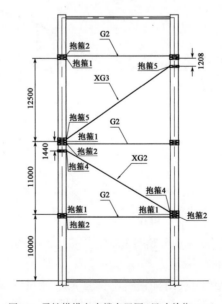

图13 柔性拱横向支撑布置图(尺寸单位:mm)

(4)柔性拱架设顺序为吊杆→吊杆间纵横向支撑体系→拱肋→拱平联。

5.2.6 柔性拱拱脚合龙

(1)对合龙工况进行模拟计算分析,利用边跨单端辅助支架平台系统多点调整钢桁梁线形,提前预测并调整开口值,实现了合龙口开口值预控,避免了接口对顶或对拉强制调整开口值的难题。合龙工况示意图见图14。

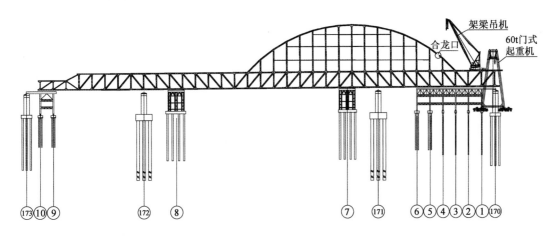

图14 柔性拱拱脚合龙工况示意图

(2)采用数值仿真和全程监控技术,创新性地使用辅助支架系统多点起顶调整合龙口纵向位移、上下高差,通过接口对顶微调横向偏差,成功实现大跨度柔性拱一次性精确合龙,合龙起顶示意图见图15。

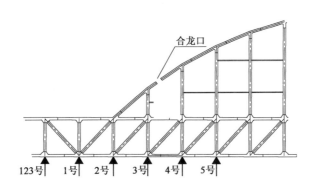

图15 合龙起顶示意图

5.2.7 柔性拱成体系后,钢桁梁带拱整体顶推

(1)柔性拱拱脚合龙,拱成体系后,拆除架梁吊机,继续利用跨线门式起重机拼装钢桁梁。

(2)钢桁梁带拱整体顶推,同时拆除前端已上墩的导梁,如此循环直至全桥顶推至预定位置。柔性拱成体系后,钢桁梁带拱整体顶推示意图见图16。

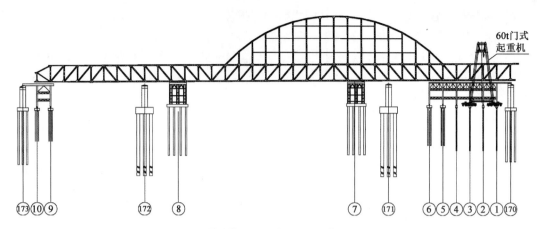

图 16　柔性拱成体系后,钢桁梁带拱整体顶推示意图

5.3　劳动力组织

劳动力组织情况见表1。

劳动力组织情况表　　　　　　　　　　　　表1

序号	工种	所需人数(人)	备注
1	架设工	40	拼装架设
2	起重工	4	吊装指挥
3	起重司机	2	起重吊装
4	电焊工	8	焊接作业
5	测量员	4	测量
6	安全员	2	安全管理及监控
7	电工	2	临电管理
8	普工	10	辅助用工
合计		72	

6　材料与设备

6.1　材料

本工法除主体结构材料外,主要为钢桁梁柔性拱桥拼装及顶推用临时结构材料,主要材料情况见表2。

主要材料情况表　　　　　　　　　　　　表2

序号	项目	规格型号	单位	数量	备注
1	钢导梁	Q345B	t	598	
2	滑道梁	Q345B	t	1112	
3	临时支架	φ219~φ1000mm,Q345B	t	1064	
4	临时支架	Q235B	t	320	
5	桩基	C30 水下	m³	2685	
6	承台	C30	m³	1880	

6.2 机械设备

本工法采用的主要机械设备见表3。

主要机械设备情况表　　　　表3

序号	设备名称	设备型号	单位	数量	用途
1	门式起重机	MG60/16t-36m	台	1	钢桁梁安装
2	架梁吊机	MQ60	台	1	柔性拱安装
3	汽车吊	QY200V	台	1	支架安装
4	汽车吊	QY50K-I	台	1	支架安装
5	千斤顶	QW630	台	24	钢桁梁竖向起顶
6	千斤顶	QW1000	台	8	钢桁梁竖向起顶
7	千斤顶	ZLD250-200	套	6	顶推千斤顶
8	千斤顶	200t	台	4	纠偏千斤顶
9	电焊机	NDR-500	台	6	桥面板焊接
10	电动扳手	AT15005LDFN	个	10	高栓施拧
11	全站仪	TS02	台	2	测量

7 质量控制

7.1 质量执行标准

施工质量执行《高速铁路桥涵工程施工质量验收标准》(TB 10752—2010)、《钢结构工程施工质量验收规范》(GB 50205—2001)、《铁路钢桥制造规范》(TB 10212—2009)。

7.2 质量控制措施

(1)成立以项目经理为组长的质量管理小组,建立质量保证体系,完善并落实各项质量管理制度,加强过程监控,确保施工质量符合要求。

(2)采用预拼装的架设方法,减少高空拼装架设工时,提高拼装质量。采用由下而上,先下平面,后立面,尽快形成闭合稳定的结构体系,然后安装上平面,左右两桁对称架设,避免偏载。

(3)委托第三方进行施工监控,对顶推架设过程中各工况的关键杆件应力及全桥线形进行监控,确保顶推架设的质量。

(4)钢导梁、滑道梁、辅助墩等辅助工程的加工与安装质量按照主体结构要求执行,并按规范进行验收。

(5)采用数值仿真和模拟计算,比选优化柔性拱合龙操作方法,并对合龙前及合龙施工过程中的钢梁支点、合龙点等关键部位进行监控,确保合龙的精度。

8 安全措施

(1)成立以项目经理为组长的安全管理小组,建立安全保证体系,完善并落实各项安全管理制度,加强过程监控,确保安全可靠。

(2)钢桁梁安装开始前,对架梁使用的材料、工具、吊具、脚手板、梯子、安全带、安全网等进行验收合格后方能使用,并配足、配齐数量,机械经过试运转并试吊认可后方可使用。

(3)杆件拼装对孔时,采用冲钉和拼装撬棍的尖端探孔,严禁用手指伸进孔眼内检查,严禁用大锤猛击单个冲钉过孔,造成孔眼变形。平面拼装孔眼采用安全冲钉,防止冲钉坠落伤人。

(4)在移动架梁吊机前,先检查吊机的制动设备是否良好,各节点上的冲钉螺栓是否上足拧紧,确认后方可移动;停机的位置上安好止轮器,吊机到位后,将前后轮锚固,经专人检查合格签证后方可使用。停止架梁作业时,将吊钩升至最高位置或将吊钩挂牢、关闭总电源,并将转盘用钢丝绳揽紧。

(5)顶推作业前,对千斤顶、滑块、钢绞线、电气线路、油压表压力等进行过程监控,确保顶推安全。

(6)共同作用的多台千斤顶选用同一型号,用油管并联,油压千斤顶、油泵、压力表、油管长度力求一致,千斤顶、液压泵站、压力表一并配套校正。

(7)编制交通疏导专项方案,涉路施工严格按照方案进行交通疏导,并设置警示牌,禁止抛投物品,加强对涉路工程的安全隐患排查。

9　环保措施

(1)将施工场地和作业限制在工程建设允许的范围内,合理规划布置围挡,做到标牌清楚、齐全,各种标识醒目,施工场地整洁文明。

(2)施工作业产生的污水经过沉淀池沉淀,净化处理,符合要求后排放。废弃物中不得含有有毒有害物质,避免雨水冲刷后对地表、地下水造成污染。

(3)施工废弃物与生活垃圾总体规划、定点堆放、及时清运、集中销毁。

(4)优先选用先进的节能、环保机械,降低施工噪声,尽可能避免夜间施工。

(5)对施工场地道路进行硬化,经常对施工通行道路进行洒水,防止尘土飞扬,污染周围环境。

(6)顶推的液压油、润滑油漆及时清理,在千斤顶附近设置专门的废油回收桶,拆卸下的油嘴立即密封,防止油污造成污染。

10　效益分析

(1)社会效益

①三跨钢桁梁柔性拱桥分段拼装,多次带拱顶推技术先进,安全可靠性高,大型设备投入少;在单端短平台上集中拼装,工厂化效率高,有利于保证质量;多点调整钢梁线形,在高速公路限界外顺利实现柔性拱拱脚精确合龙,既缩短了施工周期,又消除了涉路施工的安全风险。

②由于施工进度快、安全质量可控,受到业主的一致好评,为我公司在桥梁钢结构领域树立了良好的信誉。

③本施工技术研究对今后的跨路、跨江、跨河的桥梁施工有较大的借鉴价值,并对其他领域大型构件的整体提升、顶推滑移等牵引作业具有广泛的参考意义。

(2)经济效益

①应用本工法,较传统的双向悬臂拼装,占地少,少建两个拼装场地,节省费用450万元。

②节省大型设备吊索塔架的租赁及安拆费用200余万元。

③由于该两座桥均小角度跨越高速公路,昼夜车流量均很大,本工法无须在高速公路上方施工,较其他施工方法节省高速公路防护费用500多万元。

11 应用实例

11.1 合肥铁路枢纽南环线经开区特大桥钢桁梁柔性拱桥

11.1.1 工程概况

经开区特大桥是沪汉蓉快速铁路引入合肥枢纽南环线的重点控制工程,结构形式为(114.75+229.5+114.75)m的下承式、等高度、连续、刚性桁梁柔性拱桥,全长461m。主桁采用带竖杆N形三角桁架,节间长度12.75m,其中边跨9个节间,中间跨18个节间,两桁中心距15m,桁高15m,拱肋采用圆曲线,矢高45m,矢跨比为1/4.5。全桥总重11500t,其主跨229.5m,目前在国际同类型桥梁中主跨跨度最大。桥梁结构见图17与图18。

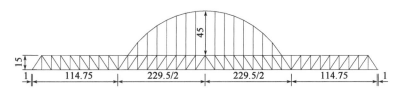

图17 主桥结构立面图(尺寸单位:m)

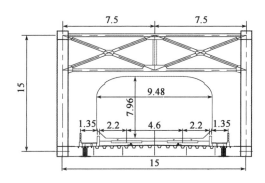

图18 主桥结构断面图(尺寸单位:m)

11.1.2 施工情况

经开区特大桥濒临合肥市主城区,以26°小角度跨越合宁高速公路。高速公路车流量大,不能封闭施工,涉路施工安全风险极高,拱顶距地面高度达80m,拱肋稳定性要求高,柔性拱在高速公路上方合龙技术难度大。

中铁四局创新采用三跨钢桁梁柔性拱桥分段拼装多次带拱顶推技术,成功解决了施工的关键技术难题。该工程于2010年8月16日开工,2012年11月26日竣工,质量、安全、经济等指标均达到了预期目标,获得了建设单位、监理单位和业内专家的一致好评。依托本工程成功承办了中国钢结构协会专家委员会2009~2011年度工作会议暨学术交流会和桥梁钢结构分会第八次学术年会,与会专家现场指导并给予高度评价。

11.2 合肥铁路枢纽南环线南淝河特大桥钢桁梁柔性拱桥

11.2.1 工程概况

南淝河特大桥是沪汉蓉快速铁路引入合肥枢纽南环线的重点控制工程,为下承式、等高度、连续、刚性桁梁柔性拱桥,主跨度229.5m,在国内外同类型桥梁中居于首位。桥址于里程DK452+295.6~DK452+416.1处跨越合宁高速公路(312国道)高架桥,与线路夹角27°。

11.2.2 施工情况

根据跨越高速公路高架桥及周边环境的特点,施工中在边跨设置6个节间拼装平台,并在主跨高架桥两侧分别设置1个大型跨中辅助墩,减少顶推悬臂长度,并采用长导梁装置,采用三跨钢桁梁柔性拱桥分段拼装多次带拱顶推技术,成功解决了跨越高速公路不能封闭施工等关键技术难题,确保了桥梁结构及涉路施工安全。该工程于2010年9月8日开工,2012年12月20日竣工,质量、安全、经济等指标均达到了预期目标,获得了建设单位、监理单位和业内专家的一致好评。

带系杆斜腿刚构支架现浇预应力混凝土梁施工工法

1 前言

采用传统的支架施工方法,如满堂支架或梁式支架等,在深厚淤泥质土地基条件下进行支架原位现浇预应力混凝土桥梁存在的问题是地基处理投入费用多、施工工期长,且存在地基沉降控制的技术难题。中国中铁三局集团有限公司(以下简称中铁三局)以此作为开发背景,申请和获得了企业重大研发项目的经费,研发了一种带系杆斜腿刚构支架现浇预应力混凝土梁的施工方法,该方法及支架体系获得了国家专利授权。通过在中铁三局集团华东建设有限公司南京地铁12号线TA01标的工程试验及正式应用,证明其安全、可靠,并取得了良好的经济和社会效益,该工法关键技术达到了国内领先水平,荣获了中国中铁股份有限公司科技进步一等奖、中国施工企业管理协会科技进步二等奖,为深厚淤泥质土条件下桥梁原位现浇施工技术开创了一种新的思路,为进一步推广应用,特总结形成工法。

2 工法特点

(1)利用系杆和斜腿刚构的结构原理,设计开发了带系杆斜腿刚构支架,支架力学特征是上部的所有荷载传递到已完成的桥墩和连接系杆上,受力明确,与常规支架法相比,无须控制地基沉降和防止地基沉降引起的支架失稳,规避了施工风险,减少了施工不确定因素引起的安全问题,能确保施工的安全和质量。

(2)带系杆斜腿刚构支架支护体系充分利用承台作为支架基础,且通过调整斜腿角度可以适应较大跨度的预应力混凝土梁现浇施工,与常规支架体系相比,避免了软弱地基处理技术的应用,减少了现浇施工工序,节约了地基加固费用,缩短了支护体系施工工期,可适应除深厚淤泥质土地基条件的其他场地环境,可以实现无影响跨越既有线和公路施工。

(3)支架安装和拆除方便,且可重复回收利用,提高了施工企业材料周转率,节省了施工临建费用。

3 适用范围

本工法适用于跨越深厚淤泥质土地基、既有线、公路等特殊环境时的支架原位现浇预应力混凝土桥梁,对于采用满堂支架或梁式支架施工的桥梁也同样适用,并对部分混凝土结构物现浇施工具有一定的参考性。

4 工艺原理

4.1 支架安装原理

利用斜腿刚构的结构原理,在混凝土梁的下部修建斜腿刚构支架,同时,为实现斜腿根部无水平推力,在斜腿的根部设铰,用系杆将根部连接,连接处为铰接,并在混凝土梁的端头紧邻桥墩和斜腿根部设置竖向支撑结构,以此代替斜腿刚构桥结构中桥墩的作用。

4.2 混凝土浇筑原理

在已安装好的支架上方,根据混凝土连续梁的线形,安装现浇混凝土梁用的模板体系,然后,按照"由两侧向跨中"的浇筑顺序和梁体合龙完成混凝土梁的浇筑施工。

5 施工工艺流程及操作要点

5.1 施工工艺流程

施工工艺流程见图1。

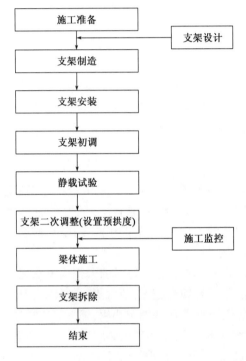

图1 施工工艺流程图

5.2 操作要点

5.2.1 施工准备

(1)支架设计要确保强度、刚度及稳定性满足规范及设计要求。

(2)建立支架加工车间或操作间,严格控制支架加工精度、组装误差,尽量采用工程精细化加工,工厂组装,确保支架受力符合设计要求。

(3)施工前,应对承台混凝土承载力进行检验,承台的局部受压满足要求,施工时承台的混凝土强度应达到设计强度的95%以上。

5.2.2 支架制造

(1)支架钢结构制造误差要满足规范要求和"7.2节加工制造质量控制"的要求。

(2)如图2所示,中下横梁处的贝雷片横联架需要特殊制造,以避开中下横梁。

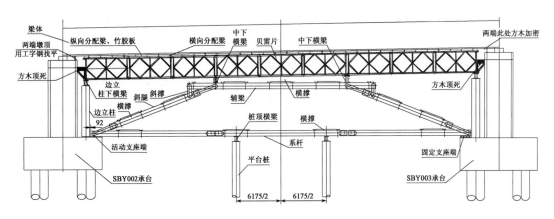

图 2　支架设计总图(尺寸单位:mm)

5.2.3　支架安装
支架设计详见图2。

(1)工艺流程

两端承台找平→插打平台桩,安装桩顶横梁→安放活动支座板→安装系杆中间节段及相应的横撑→安装系杆两端的节段→搭设脚手架,安装斜腿及辅梁→安装斜撑→安装斜腿、辅梁上相应的横撑→安装中下横梁,安装边立柱及边立柱下横梁、横撑→安装贝雷片、检查和调整全部支架→安装横向分配梁、纵向分配梁、底模竹胶板、脚手架底托。

(2)安装操作要点

①两端承台找平误差±5mm。

②安装支架支座,一端采用2cm厚钢板,作为活动支座板,上方涂抹黄油,一端采用传感器,作为固定支座。

③系杆由40槽钢和90销板等组成,先安装系杆中间节段,再安装系杆两端节段。

④搭设脚手架安装斜腿、辅梁、斜撑及相应的横撑,完成后安装中下横梁。

⑤安装直径530mm,壁厚12mm的钢管各两根在SBY002和SBY003承台上作为边立柱,立柱上方放置砂箱,砂箱上放置6m长双I32工字钢。

⑥刚构支架拼装好后,按照SBY001-SBY002布置贝雷片(不需加强弦杆)等其他上部支撑,采用两个10t的导链,将系杆与贝雷梁相连,防止系杆下沉。

⑦贝雷片两端用方木与桥墩顶死。

⑧平台桩的作用是用作施工操作平台基础,减小系杆垂度。桩顶设直径580mm,厚度20mm的盖板,承载能力不低于10t,打入深度现场确定。

⑨用于中下横梁处扁担梁的千斤顶,高度不大于160mm,行程50mm,额定起重量45t,千斤顶高宽比不大于2。

⑩支架的拼装,要严格按照施工工序进行。构件起吊采用两点法,以减少杆件的变形,支架拼装过程,采取临时支撑措施,减少组件的变形。

⑪斜腿支架安装施工是整个现浇梁施工的关键工序,对桥的施工质量起着决定性的作用,技术人员必须认真阅读设计图纸,熟悉施工工序,掌握相关规范规程,并向现场施工人员进行详细书面交底,明确分工,认真做好安装前的准备工作,确保万无一失。安装过程中出现异常

情况要及时汇报技术负责人,安装过程中,记录要真实、准确、及时,严格控制安装精度。

5.2.4 支架初调

(1)中下横梁中的主横梁与梁体接触钢板为楔形板,坡度与梁底面相同,共12块。

(2)中下横梁1、中下横梁2处的竖向位移16mm。由于此处荷载较大,曲线外侧两榀支架处为60t,用楔块调整比较困难,故在辅梁和中下横梁之间垫钢板来调节预拱度。

5.2.5 静载试验

浇段底模铺设完成后,采用砂袋法对支架进行预压。其作用为:检验支架的稳定性和地基承载能力;测定沉降量,为底模板高程控制提供预留沉降值;消除模板支架之间的非弹性变形。

加载顺序:①加载至50%;②加载至75%;③加载至100%;④加载至120%;⑤卸载至100%;⑥卸载至0%。支架加载、卸载必须保持对称。

5.2.6 支架预拱度调整

边力柱顶端设置砂箱来调节预拱度,刚性节点处中下横梁与辅梁间用钢板调节预拱度,抽垫钢板用千斤顶配合。

5.2.7 梁体施工

(1)支座安装

支座安装前认真检查桥墩垫石平面位置及顶面高程,支座垫石平面位置及顶面高程符合设计要求,并在允许偏差范围内,放置支座部位的混凝土进行凿毛,并清除混凝土残渣,使表面清洁。桥梁支座应符合设计要求,进场的支座按要求进行抽检,检验合格后将检查结果报送监理工程师。安装完毕后确保其顶、底面与梁、墩之间无缝隙。

(2)钢筋工程

①钢筋主筋接头位置要求位于最小应力处,并错开布置。

②梁体主筋尽量采用对焊接长,对端垂直,接头要平直,接头部位不得有横向裂纹。

③钢筋先绑扎底板主筋,并将腹板架立筋套入底板筋内,然后绑扎腹板钢筋,最后再绑隔板钢筋。将内模安装就位后,绑扎顶板主筋和剩余部分钢筋。

④钢筋安装应确保位置准确、不位移,绑扎钢筋的扎丝多余部分应向构件内侧弯折,以免因外露形成锈斑影响混凝土感观质量。

⑤为保证混凝土保护层厚度,在钢筋骨架与模板之间错开放置混凝土垫块,并将骨架侧面的垫块绑扎牢固。

(3)模板工程

①箱梁的侧模、底模均采用竹胶板,内模采用木模板,模板具有足够的刚度以防止在使用过程中变形。

②支架拼装完成后,开始进行模板的安装,首先安装底模,然后再安装外侧模,底腹板钢筋绑扎完成后安装内模,外模采用方木进行加固。模板安装应稳固牢靠,接缝严密,模板与混凝土的接触面清理干净并涂抹隔离剂。

③钢筋、模板及所有预埋件安装完毕后,清除模板中积水及杂物,混凝土浇筑前,对模板及支架进行检验,经监理工程师检查认可后方可浇筑混凝土,施工过程中应对模板及支架进行观察和维护,发现跑模、变形等异常情况,应暂停施工,并采取措施尽早解决。

(4)混凝土工程

①混凝土由罐车运送至工地后,采用混凝土输送泵泵送入模。

②混凝土采用分层浇筑、分层振捣,分层厚度不得超过30cm,一般振捣时间以20s为宜,严禁出现漏振、欠振和过振。在混凝土浇筑过程中,随时观察所设置的预埋件、预留孔的位置是否移动,若发现位移应及时校正。

③梁体混凝土连续浇筑。灌注时,从箱梁两端向跨中对称进行施工。灌注采用水平分层和斜向分段的工艺。先后两层混凝土的间隔时间不得超过初凝时间。

④梁体混凝土浇筑顺序为先浇筑底板,再浇筑两侧腹板,最后浇筑顶板。顶板浇筑顺序为先中间后两侧最后翼缘板。浇筑底板时,混凝土输送管通过顶部预留的窗口,混凝土振捣时禁止触及波纹管、钢筋和梁体模板。

⑤腹板的混凝土浇筑要求两侧同步进行,以防一侧浇筑过多产生偏压而使内模发生偏移。混凝土下落高度不得超过2m,严禁在施工过程中向混凝土加水。

⑥混凝土浇筑过程中,随时检测、控制混凝土坍落度,并按要求随机取样做标准养护试件和同条件养护试件。

⑦桥面混凝土采取两次收面,在混凝土初凝前进行完第二次压光后,初凝后用湿润养生布覆盖养生。混凝土的覆盖养生时间不少于14d,在桥面混凝土强度未达到2.5MPa时严禁人员在其上行走。

(5)预应力工程

①钢绞线预留孔道及钢绞线穿束应与钢筋工程同步进行,施工时对节点钢筋进行放样,调整钢筋间距及位置,保证预留孔道顺畅通过节点。然后从钢筋骨架内穿入就位,波纹管接长用大一号的套接管接长,套接管两头用绑扎丝扎紧,以免漏浆。混凝土灌注前仔细检查波纹管,发现空隙和孔洞及时包裹。

②当梁体混凝土强度和弹性模量达到设计强度的90%,混凝土龄期不少于7d,方可进行张拉,在横截面上必须左右对称张拉,纵向最大不均匀束不得超过1束,两端伸长量基本保持一致,张拉采取双控。

5.2.8 施工监控

监测点布置详见图3。

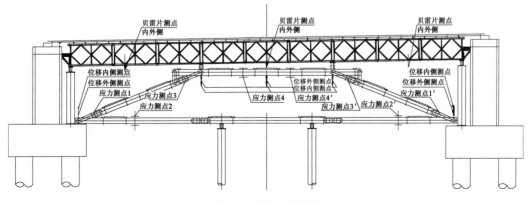

图3 监测测点布置图

(1) 斜腿支架各杆件的应力

斜腿支架的辅梁、斜腿和系杆上应力监测布点共 8 个断面 96 个监测点,断面 1~4 分别相对于应力测点 1~4,断面 5~8 分别相对于应力测点 4′~1′。断面 1、3、6、8 位于斜腿上,每个断面布置 8 个测点,依次从支架外侧向支架内侧编号;断面 2、4、5、7 位于系杆和辅梁上,每个断面布置 16 个测点,也是依次从支架外侧向支架内侧编号,同时先编槽钢顶部测点后编槽钢底部测点。

(2) 主梁和辅梁的挠度

主梁和辅梁的竖向挠度共计 6 个断面,断面 1~3 为辅梁上监测断面,断面 1′~3′ 为贝雷主梁上监测断面,每个断面 4 个测点,依次从支架外侧向支架内侧编号,共计 24 个测点。

(3) 系杆的水平位移

系杆的水平位移布置 2 个断面,支架右侧为水平位移断面 SP1,支架左侧为水平位移断面 SP2,每个断面 4 个测点,依次从支架外侧向支架内侧编号,共计 8 个测点。

(4) 监测初值

每次混凝土的浇筑顺序均为从两端向中间推进,混凝土浇筑前进行初值的测量,每次混凝土浇筑完成后进行数据测量。

(5) 监测时间段

按混凝土浇筑次数确定,现场现浇连续箱梁混凝土分三次进行,最先浇筑箱梁底板的混凝土,共计 $30m^3$,折合荷载总计为 750kN;第二次浇筑箱梁腹板的混凝土,共计 $16m^3$,折合荷载总计为 400kN;最后浇筑箱梁顶板的混凝土,共计 $41m^3$,折合荷载总计为 1025kN。

5.2.9 支架拆除

(1) 梁体张拉压浆后待水泥浆强度达到 75% 以上方可进行支架拆除。

(2) 对支架拆除作业前,对参加作业人员进行技术安全交底,在统一指挥下,按照确定的方案进行拆除作业。

(3) 按照先上后下、先外后里、先架面材料后构架材料、先附件后结构件的顺序,一件一件地松开跨结、取出并随即吊下(或集中到毗邻的未拆的架面上,扎捆后吊下)。

(4) 严禁将卸下的材料抛向地面,各类杆件应分类存放,尽量不使其变形,以增加其周转数。

(5) 拆除辅梁和中下横梁之间的钢垫板,以及中下横梁和贝雷片之间的垫木,释放支架的应力。

(6) 逆序拆除支架各部分。

6 材料与设备

采用的主要材料及机具设备分别见表 1 和表 2。

主 要 材 料 表　　　　　表1

序号	材料和设备名称	规格	数量	备注
1	型钢、钢板等钢材	Q235 钢	50~150t	用于斜腿刚构支架主要受力杆件,根据梁重和跨度确定数量
2	螺栓等连接件	自选	—	根据支架具体情况选择规格

续上表

序号	材料和设备名称	规　格	数　量	备　注
3	贝雷片	Q345	—	根据梁体的跨度和重量确定数量
4	竹胶板	2cm 厚	—	根据梁体跨度确定数量

主要机具设备表　　　　表2

序号	材料和设备名称	规　格	数量	备　注
1	起重机	25t	2台	
2	起重机	50t	2台	
3	电焊机	BX3-100-2	8台	
4	数控切割机	BXS2010-AM-1250	2台	
5	手动葫芦	10t	4台	
6	全站仪	TCA2300	1	测量
7	精密水平仪	通用产品	1	测量
8	传感器采集器	JMZX-300X	1	应力采集
9	振弦式传感器	JMZX-212AT	36	支架内力、V肢内力监测
10	压力传感器	ZX-3105AT	12	张拉应力监测
11	钢筋切断机	通用产品	4	钢筋切割
12	钢筋弯曲机	通用产品	2	钢筋成型
13	混凝土输送泵	通用产品	2	混凝土浇筑时的输送
14	混凝土运输车	通用产品	4	混凝土运输
15	插入式振动器	通用产品	6	混凝土振捣
16	运输车	通用产品	1	材料与设备运输

7　质量控制

7.1　原材料质量控制

(1)根据设计要求、验收规范、有关作业指导书进行严格的进货验收。

(2)原材料采购除需按规定对分承包方进行评定外,还要按要求对进场材料进行文件资料检查、外观检查、化验、机械性能试验工艺性能评定等,检验合格的材料方可入库、合理堆放、标识、保管。

7.2　加工制造质量控制

(1)除特殊构件外,钢材一律采用Q235BZ,并应符合《碳素结构钢》(GB/T 700—2006)的相关技术标准。

(2)45号钢调质处理后的机械性能要求:抗拉强度$\sigma_b \geq 800$MPa,屈服点$\sigma_s \geq 550$MPa;标距为5倍直径的试样伸长率$\geq 15\%$,断面收缩率$\geq 45\%$,冲击韧性≥ 60J/cm²;布氏硬度HBS≥ 240。

(3)各构件下料尺寸误差±1mm,位置尺寸误差±2mm。
(4)孔径、孔位误差±0.5mm。
(5)所有未注焊缝均为角焊缝,焊脚高度为两块搭接板中较薄板厚度的0.8倍,全部满焊。
(6)所有机加件表面粗糙度均为12.5。

7.3 加工过程质量保证

(1)项目部成立本项目质量保证小组,由项目经理亲自任组长,针对工程的特点,加强工程的质量管理和检验力度,质量小组对工程主要控制点(加工图、材料及节点试验、构件加工、组装和拼接、焊接质量等)进行严格控制,做到未经验收合格不得转序,同时对关键岗位增加检测人员并做到职责明确。

(2)检验工作必须按设计要求、作业指导书、检验规程进行,制作加工时应做到三检,对规定的焊缝、节点应进行探伤检验、破坏性试验及其他必要的试验。

(3)主要过程检验及检验手段:

①钢板下料:主要检验其几何尺寸、形状位置、切割面等,检验采用钢卷尺、样板、游标卡尺、直尺、角尺等,检验后做好编号标识。

②零件加工:主要检查其长度、外观、曲率、剖口等,检验主要采用直尺、平板、样板、角度尺、钢卷尺等,检验后做好编号标识。

③钢构件:主要检查其长度、高度、宽度等几何尺寸以及翘曲、变形等,同时检查焊接质量、端头接口等,构件出厂前必须进行整体拼装,经检测合格后方可出厂。主要监测方法:采用经纬仪、铅锤仪、水准仪、钢卷尺等检查控制点坐标及挠度,对于局部杆件采用样板检查,焊接质量采用探伤检查。

④焊接:严格按焊接工艺标准执行,在焊接过程中做到检验员、探伤员不离岗跟踪检验,按标准要求严格控制。

7.4 焊接质量保证

钢结构焊接必须按施工图纸及设计要求进行,并应遵守《钢结构工程施工及验收规范》(GB 50205—2001)和《建筑钢结构焊接技术规程》(JGJ 81—2002)的有关规定。

7.4.1 焊接主材

(1)焊接主材应符合国家标准《碳素结构钢》(GB/T 700—2006)及《低合金结构钢》(GB/T 1591—2018)的规定,应有质量证明书。

(2)当对钢材的质量有疑义时,应按国家现行有关标准规范进行检验。钢材表面有修饰、划痕等缺陷时,其深度不得大于与该钢材厚度负偏差值的1/2。钢材修饰登记应符合现行国家标准《涂覆涂料前钢材表面处理 表面清洁度的目视评定》(GB/T 8923)的规定。

(3)各种钢材的外形、尺寸、重量及允许偏差应符合国家标准《热轧钢板和钢带的尺寸、外形、重量及允许偏差》(GB 709—2019)的要求。

(4)钢材入库前须办理入库交接手续,质检人员应核对材料牌号、规格质量检验证明书、炉批号检验记录、试验记录等,未交验或检验不合格的材料不得入库。合格的钢材应按品种、牌号、规格分类堆放,标识明确。

7.4.2 焊接材料

(1)焊接材料如:焊条、焊丝、焊剂,应按牌号、规格分类堆放在干燥的储藏室内。

(2)焊丝要清除锈蚀、油污及其他污物;严禁使用药皮脱落、焊芯生锈的焊条和受潮结块的焊机。

(3)焊接用 CO_2 保护气体的纯度应达到 99.40% 以上。

(4)手工电弧焊用焊条使用前应在 3400~4400℃ 的烘箱中烘烤 1h,焊工使用时应将焊条置于保温桶内随用随取。

(5)焊条暴露于大气中的时间:低氢焊条 E40 系列不超过 4h,低氢焊条 E50 系列不超过 9h,若超过上述时间,使用前需进行干燥方可使用。

(6)埋弧自动焊焊剂,使用前需在 2500℃ 烘箱中烘干 2h。

7.4.3 施焊人员

施焊工人必须经过专业培训并经考试取得合格证书,停焊 6 个月以上要重新考核。每条焊缝焊完后焊工应打上自己的钢印编码。

7.4.4 焊接工艺

(1)施焊前,焊工应复查焊件接头质量和焊区的处理情况,当不符合要求时,应经修整合格后方可施焊。

(2)对焊接接头、T 形接头、角接接头、十字接头等对接焊缝和角接组合焊缝,应在焊缝的两端设置引弧板,其材质及坡口应与焊件相同,引出的焊缝长度为:埋弧焊应大于 40mm,手工焊及气体保护焊应大于 20mm,焊接完毕后用气割切除,修正平整不得用锤击落。

(3)焊接时,焊工应遵守焊接工艺,不得自由施焊并严禁在焊道外的母材上引弧。多层焊接宜连续施焊,每一层焊完应及时清理检查。

7.5 其他

(1)检验试验人员应坚守岗位,及时完成各种外观检验、探伤、几何尺寸检验、强度试验、摩擦系数试验、漆膜厚度监测等,同时对制作加工环境进行监测、监控,对工艺执行情况进行监督检查,对记录文件及时整理,发现问题及时汇报。

(2)对于除锈、涂装,主要检查除锈等级、表面处理、涂装质量,采用目测、油漆测厚仪等监测,确保满足要求。

(3)本工程各项工作内容分别由各责任部门负责人负责,对制作加工的零部件、构件进行严格而科学的管理,严格按有关标准控制搬运、堆放、标识、运输等过程,不允许出现产品错用、混淆和损坏。

(4)对特殊工种均须经专业主管部门考核持证上岗,对一般工作岗位工人要经过上岗培训。

8 安全措施

(1)作业现场应设安全围护和警示标志,禁止无关人员进入危险区域。

(2)大雨天气和 6 级以上大风时,不得进行高支架上的高处作业。雨后作业,必须采取安全防滑措施。

(3)架上作业人员应穿防滑鞋和配挂好安全带,脚下应铺设必要数量的脚手架,并应铺设平稳,且不得有探头板。当暂时无法铺设落脚板时,用于落脚或抓握、把(夹)持的杆件均应为稳定的构架部分,着力点与构架节点的水平距离应不大于0.8m,垂直距离应不大于1.5m。位于立杆头之上的自由立杆(尚未与水平杆跨接者)不得用作把持杆。

(4)作业人员应做好分工和配合,传递杆件应掌握好重心,平稳传递,不要用力过猛,以免引起人身和杆件失衡。每完成一道工序,要相互询问并确认后才能进行下一道工序。

(5)作业人员应佩带工具袋,工具用后装于袋中,不要放在架子上,以免掉落伤人。

(6)架设材料要随上随用,以免放置不当时掉落。

(7)架上作业时,不得随意拆除基本结构杆件,因作业的需要必须拆除某些杆件时,必须取得施工主管和技术人员的同意,并采取可靠的加固措施后方可拆除。

(8)架上作业时,不得随意拆除安全防护措施,未有设置或设置不符合要求时,必须补设或改善后,才能上架进行作业。

9 环保措施

9.1 水环境保护措施

(1)施工废水按有关要求处理,不得直接排入河流。

(2)施工废油,采取隔油池等有效措施加以处理,不得超标排放。

(3)对工人进行环保教育,不得随地乱扔垃圾。

(4)对于施工中废弃的零碎配件、边角料、水泥袋、包装箱等及时收集清理并做好现场卫生,以保护自然与景观不受破坏。

9.2 降低噪声措施

(1)对使用的工程机械安装消声器,降低噪声。

(2)在固定的机械设备附近设置临时隔声屏障,减少噪声传播。

(3)适当控制噪声叠加,尽量避免噪声机械集中作业。

10 效益分析

10.1 经济效益

南京地铁十二号线大胜关桥同步实验配套高架区间土建工程(D12-TA01标)深厚淤泥质土地基条件下桥梁支架现浇施工采用带系杆的斜腿刚构支架方案,根据首孔梁的施工成本核算,其临建费用分析如下:

以60孔梁计算,组合支架周转使用3次,支架部分的总费用比钢管桩梁式支架节省412.458万元,组合支架周转使用5次,支架部分的总费用比钢管桩梁式支架节省539.514万元。另外,采用组合支架时,单跨的工期比钢管桩梁式支架缩短7d,若采用12套组合支架,5个循环施工完毕全部连续梁,则可缩短总工期35d,可节省大量的管理费用,经济效益显著。

10.2 社会效益

南京地铁十二号线大胜关桥同步工程(D12-TA01标)深厚淤泥质土地基条件下桥梁支架现浇施工,采用带系杆的斜腿刚构支架施工技术,成功解决了深厚淤泥质土地基条件下桥梁支架现浇施工难题,形成了一套安全、可靠、经济、先进且适合桥梁现浇施工的工艺设备和施工工艺,给企业带来了良好的社会效益。

(1)通过研制新型支架,解决了在深厚淤泥质土地基条件下传统桥位现浇支架存在的诸多问题,提升了工程的技术含量,得到了建设、设计和监理单位的好评,为企业在南京地铁的市场占有提供了有力的技术保障。

(2)研究开发拥有自主知识产权的专利,为桥位现浇施工技术提供了新的方案,拓宽了桥位现浇法的应用领域和范围,给企业带来了良好的品牌效益。

10.3 节能、环保效益

(1)在厚层软土地基上使用本组合支架,相比满堂支架,可避免采用换填、CFG桩、高压旋喷桩等带来的原材料、燃油消耗和相关机械损耗;相比梁柱式支架,可避免采用桩基础带来的原材料、燃油消耗和相关机械损耗,从而减少资源消耗和二氧化碳排放量,符合国家节能减排政策要求。

(2)在厚层软土地基上使用本组合支架,相比满堂支架和梁柱式支架,由于减少了原材料消耗,可减轻原材料产地和施工工点的环境污染程度,降低了工业生产对环境的影响。

11 应用实例

南京地铁12号线大胜关桥同步实施配套高架区间土建工程(D12-TA01标)位于生态科技园站~滨江村站区间,标段桥梁全长1921m,其中江南段右线桥长1239m;江北段右线桥长341m;江北段左线桥长341m。桥梁采用钻孔桩基础,孔跨结构以连续刚构为主,共22联60孔梁,其中江南段14联38跨,江北段8联22跨,跨度有20m、25m、30m、33m、47m、60m和76m等8种形式。由于线路平行京沪高铁,为了减少对高铁运营的影响,需加快施工进度,要求梁部施工均采用支架现浇法施工。但是,工程施工区域地貌为长江低漫滩,其中,孔跨SBY002-SBY003、SBY007-SBY008、SBY011-SBY012、SBY016-SBY017、SBY024-SBY026跨河沟和池塘,上部地层为质软、高压缩性的淤泥质土、粉质黏土和粉砂层,所处工程地质条件差,传统的满堂支架及管桩基础在该处均不适宜。该标段由中铁三局南京地铁12号线大胜关桥同步工程(D12—TA01标)项目经理部负责施工,为克服传统支架法施工成本高、工期长的难题,施工单位经多次研究,设计采用了带系杆的斜腿刚构支架现浇预应力混凝土梁的施工技术方案。工程从2011年3月开始实施,至2012年2月完成了全部现浇梁施工,经过建设、设计及监理单位的检查验收,连续梁应力状态、高程和线形完全符合设计及规范要求,满足各项运营条件及各项使用功能。

大型复杂曲线宽体预应力混凝土箱梁单点顶推(拖拉)施工工法

1 前言

随着我国桥梁建设的发展,预应力混凝土箱梁的顶推架设法向着适应更复杂线形、更大跨度方向发展。我院承担的京包高速公路上地斜拉桥,为 46m+46m+230m+98m+90m 五跨连续独塔单索面预应力混凝土曲线斜拉桥,主跨跨越既有京包铁路和城铁十三号线部分,212m 长复杂曲线宽体混凝土梁采用单点顶推(拖拉)法架设,采用塔后临时墩及支架上预制梁体,主塔墩作为牵引反力座,12 根牵引索后锚点设于拖拉段主梁尾端,通过 12 台连续牵引千斤顶控制同力不同速,使主梁按设计曲线轨迹拖拉,采用两点限位原理布置纠偏千斤顶和限位滚轴,拖拉 213m 后成功精确就位,梁体未出现裂纹,拖拉段箱梁自重 250000kN 和梁宽 35.5m 均为曲线混凝土箱梁拖拉施工的世界第一,63m 的最大悬臂也刷新了国内曲线混凝土箱梁顶推或拖拉的记录,为我国大跨度桥梁建设施工开辟了一条新途径。施工实践证明该法简洁、方便、安全。因此,特总结形成本工法。

2 工法特点

(1)通过主梁结构设计,使拖拉轨迹位于等曲率等斜率的平纵曲线上,大大简化了滑道和限位装置设计,显著提高了主梁拖拉轨迹的准确性和可靠性。

(2)通过对顶推箱梁关键构造精细化设计,有效保证了主梁顶推过程中的抗裂性能和安全性能。

(3)滑道系统采用了新型 MGE 材料滑块。MGE 滑块摩擦系数小且动静摩擦系数相近,故摩阻力较小,不易出现窜动、爬行,可以便易地顶推和纠偏;滑块抗压强度高,减少了滑块磨损;滑块具有一定弹性,可以调整滑道顶面高程及梁底施工误差;滑块重量轻,工人喂送方便。

(4)顶推系统自动化程度高,控制度精度好,多台千斤顶按同力不同速控制原则连续顶推,保证了梁体按设计顶推轨迹前进。

(5)拖拉施工时,拖拉力的方向是沿圆弧弦线方向,因此相对结构重心的弯矩方向在拖拉过程中是会发生改变的,限位力的方向会在拖拉过程中改变,根据两点限位的原理,顶推梁体呈现摆头甩尾的轨迹,因此在箱梁的前后端、曲线内外侧布置纠偏限位装置。箱梁跑偏的一侧使用外包橡胶限位滚轴,保证基本与梁体密贴,另一端使用纠偏千斤顶,和梁体预留 5cm 的间隙,随时可以进行纠偏调整,控制顶推梁体中线在 10mm 以内。考虑满足两次点内顶推距离布置纠偏限位装置,本次顶推施工完成后向前倒用。

(6)采用了光纤光栅传感器技术,在主梁拖拉过程中对主梁和临时墩的应变进行不间断的高速动态实时测量,为拖拉过程中的各项指挥决策提供了科学依据,保证了结构及施工人员的安全。

（7）施工过程中对桥下交通和通航干扰小。

（8）不必增大桥下净空来创造施工条件，可以最大限度地降低建筑高度，减少工程总造价。

3 适用范围

（1）适用于铁路、公路大型复杂曲线宽体预应力混凝土箱梁。

（2）适用于有水桥、跨谷桥、跨线桥及城市立交桥，施工不影响桥下交通和通航。

（3）适用于场地狭窄、工期紧张、拆迁费用高、难度大且用其他施工方法很难完成的桥梁架设。

4 工艺原理

4.1 单点顶推（拖拉）原理

施工原理是将复杂曲线经过结构处理使顶推轨迹简化为等曲率等斜率，沿桥纵轴方向在桥台或制动墩后方设置预制平台，在临时墩及支架形成的预制平台上分段预制梁体，纵向预应力筋张拉后，脱空支架，预制梁体支承于滑道上，桥台或制动墩设水平牵引千斤顶反力座，后锚点设预制梁体尾端，启动牵引千斤顶施力，借助滑道、滑块，将梁向前顶推，就位后顶落梁，更换正式支座。

当集中的顶拉力 H 满足下式条件

$$H > \Sigma R_i(f_i \pm \alpha_i)$$

时，梁体才能向前移动。

式中：R_i——第 i 桥墩或桥台滑道瞬时的垂直支反力；

f_i——第 i 桥墩或桥台支点相应的静摩擦系数；

α_i——桥梁纵坡坡率，上坡顶推为"＋"，下坡顶推为"－"。

4.2 复杂曲线箱梁结构设计处理及两点限位原理

拖拉段箱梁平曲线为圆曲线、缓和曲线、直线或其组合，纵曲线为纵坡、竖曲线或其组合，横坡为单坡、双坡或其组合，为了便于拖拉施工，对箱梁结构采取了如下处理措施：平面上，以拖拉段梁体的起点和终点作为控制点，用通过这两点的圆曲线拟合线路轴线，设计梁体截面时，底面和限位面按圆曲线为对称轴线，而顶板则仍按线路轴线为对称轴。拟合后的圆曲线向后延伸即为拖拉过程的轨迹线，两者的差值 Δ 通过调节箱室的宽度尺寸实现，这样，就保证了拖拉施工过程中运动轨迹为圆曲线，又满足了线路各种线形的需要。纵断面上，将主梁首尾的最低点相连，得到一条具有坡度的直线，该直线作为箱梁底面线，即拖拉前进的竖向轨迹线，竖曲线则通过变梁高实现。对于横坡通过箱梁腹板的高度变化实现；将主梁边斜腹板下 0.3m 设置成垂直段，以利于拖拉前进中的限位和纠偏。为保证拖拉过程中各墩受力均匀并保持桥梁线形，要求预制平台的底模与箱梁位于同一平纵曲线上，且预制平台为箱梁的延伸部分。如图1、图2所示。

采用两点限位的方式，即拖拉过程每个状态，仅在最靠近拖拉梁段的首端和尾端的支承墩上设置限位及纠偏装置。由于两点限位平面上为静定结构,作用点和方向确定,根据简单的力平衡原理计算确定拖拉过程各状态在拖拉力作用下曲线梁横向的作用力的大小。同一限位点上,受压一侧安置限位装置,使箱梁的前进紧贴着限位装置进行,另一侧安置纠偏装置,以防止拖拉过程中由于拖拉力的不均衡性而引起梁体的横向位移,拖拉过程中如果梁体偏离限位装置,则采用纠偏装置使梁体返回拖拉轨迹线正常运行。如图3、图4所示。

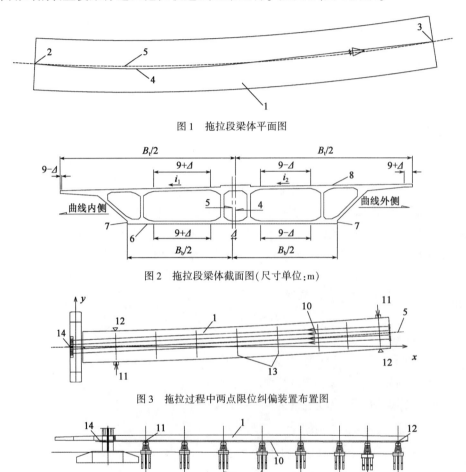

图1 拖拉段梁体平面图

图2 拖拉段梁体截面图(尺寸单位:m)

图3 拖拉过程中两点限位纠偏装置布置图

图4 拖拉过程立面布置图

以上图中:1-拖拉段梁体;2-拖拉段起点;3-拖拉段终点;4-线路轴线;5-拟合圆曲线即拖拉轨迹线;6-梁体底面;7-梁体限位面;8-梁体顶面;9-线路轴线与拖拉轨迹线差值Δ调节段;10-拖拉牵引索;11-限位装置;12-纠偏装置;13-拖拉各墩轴线;14-牵引索前方千斤顶 Δ-线路轴线与拖拉轨迹线的差值;B_t-主梁顶板宽度;B_b-主梁底板宽度

5 施工工艺流程及操作要点

5.1 施工工艺流程

施工工艺流程为:施工准备→永久墩、临时墩施工→滑道施工→顶推段主梁施工→安装钢导梁→安装限位纠偏装置→安装牵引系统→分次顶推就位→顶落梁安装永久支座,见图5。

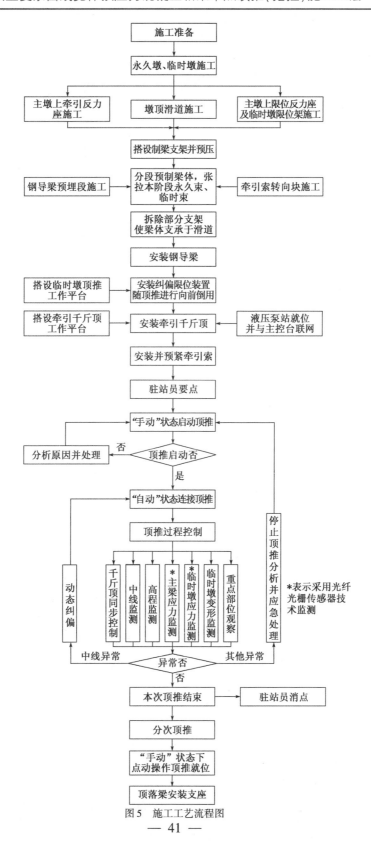

图5 施工工艺流程图

5.2 操作要点

5.2.1 施工准备

(1)沿拖拉轨迹延伸线平整长220m、宽45m的施工场地,并作地基处理,其承载力和变形满足满堂支架制梁要求。

(2)铺设门式起重机走行线,组装门式起重机。

5.2.2 永久墩、临时墩施工

(1)必须按施工进度完成顶推范围内永久墩及临时墩施工,4号主塔墩为牵引反力座,应在顶推时完成下塔柱部分施工。见图6。

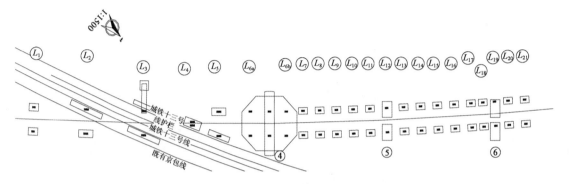

图6 顶推范围内永久墩及临时墩布置

(2)临时墩应按拖拉轨迹线R圆曲线的同心圆曲线对称布置。

(3)为方便临时墩安装和拆除,一般临时墩采用钢管柱结构,每个临时墩由3根或2根钢管组成,钢管直径1.2m或1.3m,中间加钢管横联,横联直径为0.6m。临时墩法兰盘在承台施工时预埋,钢管柱在加工厂整体预制,现场采用汽车吊安装,现场焊接钢管横联。钢管柱内下部1.5m填充混凝土,剩余空间用砂填充密实,保证其具有良好的抗剪能力和刚度。

5.2.3 滑道安装

在4号墩和每一个临时墩顶面均需设置一套滑动装置,它由支承垫石上的MGE滑块、滑板和调坡钢楔块组成。调坡钢楔块可靠锚固在支撑垫石上,滑板由40mm钢板上铺4mm不锈钢板组成。主梁顶推采用厚度30mm的MGE型滑块,滑块宽度按40cm,长度为44cm制作。为减小摩阻力,在滑板与不锈钢板之间涂硅脂。纵向滑动装置总高100mm。

临时墩顶面尺寸有 2.6m×1.2m、3.8m×1.3m、2.2m×1.2m 三种形式,现以 2.6m×1.2m 结构形式说明,下滑道布置方式。下滑道滑块为MGE滑块,每块尺寸为440mm×400mm,则每个下滑道布置18块,同时为保证顶推过程中的周转,每个此形式的各滑道需备用6块。

实际施工时按照每块间隙不大于10cm控制,同时考虑梁底的不平整导致的部分滑块不能够密贴梁底,则滑块的受力大约在10MPa。

顶推过程中,操作人员站在临时墩顶帽上作业,在桥梁的顶推过程中,为利于平移滑动滑块从临时墩滑道的一端顺利导入,滑道一端作圆弧处理,同时滑块做斜角处理,并设置储油槽。

滑道布置图见图7,滑道进出口船形过渡图见图8。

5.2.4 主墩上牵引反力座

顶推段钢筋混凝土反力座在桥轴线方向,其中心位置距4号主塔墩中心2.77m,且位于4

号主塔墩横向中心。顶推段锚固块设置在主梁尾端，与主梁浇筑为整体，见图9。

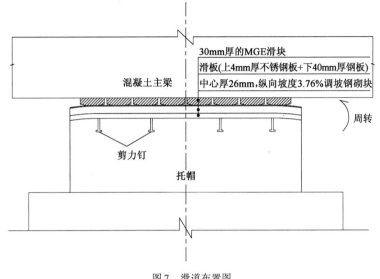

图7 滑道布置图

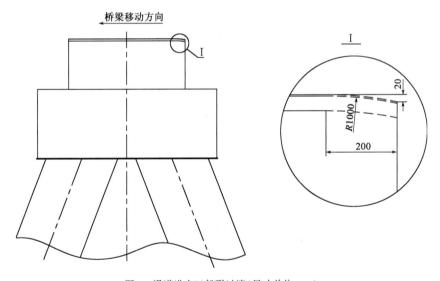

图8 滑道进出口船形过渡(尺寸单位:mm)

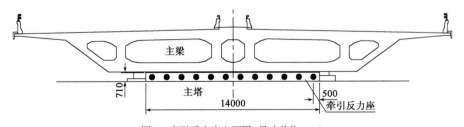

图9 牵引反力座立面图(尺寸单位:mm)

反力座长14m,宽2m,高0.71m,距离顶推段梁底52mm,其上布置12个牵引索孔道。每个索孔道由2部分组成:直线段1m,曲线段1m。具体如图10所示。

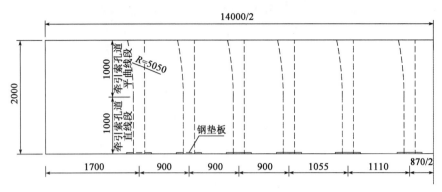

图 10　牵引反力座平面图(尺寸单位:mm)

5.2.5　顶推段主梁施工

(1)主梁施工分为顶推段(B 段)、边跨现浇段(A、C 段)、合龙段(H_1、H_2 段)三部分,均采用满铺碗扣式钢管脚手架进行施工,先施工顶推段(B 段)主梁,顶推就位后,施工边跨现浇段(A、C 段)主梁,最后施工合龙段主梁,顶推段和边跨现浇段根据设计要求分段浇筑。分段见图 11。

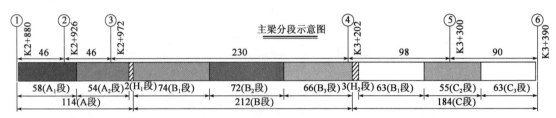

图 11　主梁分段示意图(尺寸单位:m)

(2)主梁满铺碗扣式钢管脚手架法施工工艺流程:支架拼装并压重→支座安装→底模铺设→安装侧模及端模→梁底及腹板钢筋绑扎和安装定位网→安装预应力制孔波纹管→安装内模→顶板钢筋绑扎→混凝土灌筑→混凝土养护→内模拆除→穿预应力钢束→预应力钢筋张拉→孔道压浆→下一节段施工。

(3)施工支架必须在强度、刚度和稳定性上与本阶段最不利的受力状态相适应,并在构造上满足张拉、灌筑、拆模、拆架等工艺的要求。

(4)根据设计文件及规范要求,为了确保现浇施工的安全运行,现浇支架需在混凝土施工之前进行模拟加载试验,最大加载重量为本区间梁体重量的 1.2 倍,按 50%、80%、100%、120%四级进行加载,以检验临时支架各部分的承载能力及受力变形情况。临时支架的下沉量及弹性、塑性变形采用高精度水准仪测量。

(5)模板应具有足够的强度、刚度和稳定性;应能保证梁体各部分形状、尺寸及预埋件的准确位置,严格控制顶推段箱梁滑道位置制作误差。箱梁采用优质竹胶板做面板,加强对模板的检查,保证节段间错牙符合要求。对应滑道位置顶推段 B 段主梁底板距外边缘 2.2m 及外腹板 0.30m 垂直段限位面采用钢模板,保证与滑道密贴。

(6)导梁与主梁间的钢混过渡段、主梁后端牵引索锚点、斜拉索锚点等关键构造复杂,应采取措施保证混凝土浇筑密实。

(7)拖拉段预应力较多,预应力束的张拉、拆除次序应严格按照设计规定执行,临时张拉的预应力束张拉后不应灌浆。

5.2.6 安装钢导梁

(1)钢导梁构造:钢导梁由四个分段组成,依次为预埋段(长 5.22m)、尾段(长 14.25m)、中段(长 13.96m)和前段(长 14.49m)。钢导梁长 44m(全长 48m 含 4m 的预埋段),为 $R = 3500$m 半径的平面曲线梁。钢导梁为变截面形式,内侧导梁根部梁高 3736mm,上、下顶板厚 50mm,腹板厚度 24mm,腹板间距 1780mm;端部高 1800mm,上、下顶板厚 24mm,腹板厚度 16mm,腹板间距 800mm。外侧导梁根部梁高 4125mm,上、下顶板厚 50mm,腹板厚度 24mm,腹板间距 1780mm;端部高 2189mm,上、下顶板厚 24mm,腹板厚度 16mm,腹板间距 800mm。

钢导梁预埋段在混凝土箱梁浇筑时埋设,预埋段范围内混凝土箱梁腹板相应增厚至 1780mm。预埋段在钢-混结合面设 60mm 厚钢板作为箱梁预应力束的锚垫板,钢板上对应预应力束位置开设通过孔。腹板靠近翼缘位置开孔,以便箱梁顶底板横向钢筋通过,同时设置剪力钉以增强结合效果。腹板、上下翼缘与混凝土接触面均布置剪力钉。

(2)钢导梁共分为 8 段,采用大吨位汽车吊安装就位。

(3)钢导梁的主要焊缝即腹板和盖板连接角焊缝要求熔透,加劲肋及横联采用手工焊,焊缝高 8mm。分段之间采用高强度螺栓连接,考虑到导梁下翼缘兼做上滑道需保持平整,下翼缘采用工地对接焊,焊缝质量要求达到Ⅰ级,焊后铲除余高并打磨平顺。

(4)钢导梁的拼装允许误差:中线 5mm;底面高程与设计高程差 1mm。

(5)顶推过程中跨越城铁和国铁,城铁应满足净空 $H \geqslant \Delta + 4.2$m,国铁应满足净空 $H \geqslant \Delta + 7.5$m,其中 Δ 为钢导梁施工阶段最大挠度。

(6)当导梁前端向下挠度过大,造成不能顺利吞吐滑块时,可用千斤顶将导梁前端顶起少许,每侧起顶力不得大于 300kN。

5.2.7 安装纠偏限位装置

(1)横向纠偏装置

顶推过程中为防止梁体横向偏移,在墩顶的曲线内外侧设置横向纠偏装置,该装置分为纠偏千斤顶和限位滚轴两种,由限位架、千斤顶、外包橡胶钢滚轴、工作滑板、MGE 滑块组成。纠偏时千斤顶紧压滑板,滑板紧压滑块,滑块随梁体滑动,顶推时交替转换滑块。

(2)临时墩纠偏装置

首先在临时墩顶帽上预埋限位托架,由槽钢组成,顶推前在托架上安装箱形钢,作为纠偏装置的后背支架。支架上安装纠偏千斤顶,同时顶推箱梁的外侧斜腹板距离梁底 30cm 做成竖直的,方便纠偏千斤顶的顶撑。具体布置见图 12。

(3)主塔纠偏装置

主塔位置处的纠偏装置设置在下塔柱顶面,成桥后为防落梁挡块,首先在下塔柱顶面的顶推箱梁两侧浇筑长、宽、高为 $3.5m \times 2.5m \times 1.1m$ 的混凝土后背块,顶推前在后背块和顶推箱梁之间安装纠偏千斤顶,千斤顶紧压滑板,滑板紧压滑块,滑块随梁体滑动。

(4)临时墩限位装置

限位装置也安装在临时墩墩顶的支架上,主要为直径 15cm 钢滚轴,为减小对顶推梁体的压强,钢滚轴外包工程硬塑,同时采用 2 个滚轴为一排并列布置,具体见图 13、图 14。

(5)纠偏、限位装置的布置

根据两点限位的原理,顶推梁体呈现摆头甩尾的轨迹,因此在箱梁的前后、曲线内外侧均布置纠偏限位装置。具体为按照推论,箱梁跑偏的一侧使用限位滚轴,保证基本和梁体密贴,另一端使用纠偏千斤顶,和梁体预留5cm的间隙,随时可以进行纠偏调整,控制顶推梁体中线在10mm以内。现以第一次顶推说明。

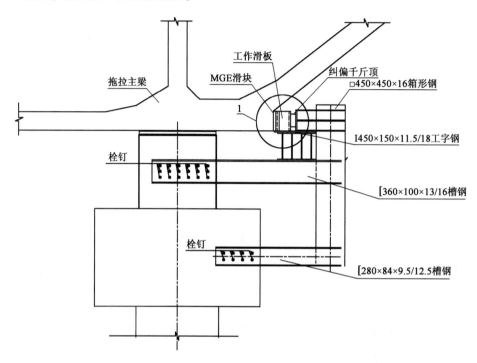

图12 临时墩纠偏装置布置(尺寸单位:mm)

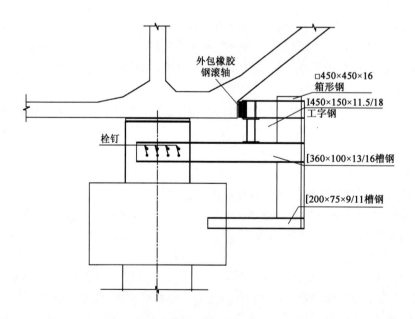

图13 临时墩纠偏装置平面图(尺寸单位:mm)

第一次顶推为试顶 3m,由之前分析可知箱梁前端有向曲线外侧偏移的趋势,箱梁尾端有向曲线内侧偏移的趋势,同时在相邻的四个临时墩上布置受力点,考虑满足连续两次要点顶推,三个为备用。

5.2.8 顶推施工

(1) 箱梁排架拆除

在顶推前拆除底模和侧模排架及模板,在排架拆除过程中,在各临时墩安放千斤顶处、续滑块处和顶推观测点处保留工作平台。

(2) 清理滑道和梁面

排架拆除过程中安排专人进行滑道清理,掏出四周的干硬灰,并吹净,以保证滑块与滑板之间的清洁。对滑道附近上部的混凝土不平整部分进行磨平。

对箱梁上面一切不必要的物体进行清理,保证无杂物。

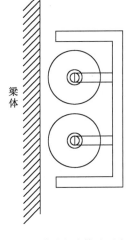

图 14　外包橡胶钢滚轴平面图

(3) 上、下滑道面检查

顶推前,对箱梁的梁体底面(上滑道)、下滑道面的线形和高程情况进行全面的测量摸底,并形成检查记录。对于个别不符合要求情况进行处理,必须达到规范要求的平整度等情况,方可顶进施工。

(4) 动力系统调试

调节行程检测装置的检测元件,使检测装置的接触及检测正常。调整各泵站的调速阀使各顶的运动速度达到一致。

(5) 牵引索安装

牵引索一般采用 $f_{pk}=1860\text{MPa}$ 钢绞线索,钢绞线下料长度应考虑主梁的牵引长度,同时考虑千斤顶工作长度、固定端工作长度和张拉端预留长度及钢绞线垂度等。

(6) 牵引索预紧

根据经验,如采用单一捻向的钢绞线,前后夹持器在反复夹持、松开钢绞线的过程中,会产生扭矩带动活塞转动,有损于千斤顶内油封性能。因此各顶的牵引索选用偶数,左、右捻向各半,间隔排布。

先用人工手拉钢绞线弧度基本一致,再用顶推千斤顶进行整体预紧(只要达到各顶压力一致即可)。千斤顶将钢绞线逐根以 1~5kN 的力预紧,预紧应采取对称进行的方式,并应重复数次,以保证各根钢绞线受力均匀。

(7) 试顶

打开主控台及泵站电源,启动泵站,用主控台控制 12 台千斤顶同时施力试顶。

试顶时,记录试顶时间和速度,根据实测结果与计算结果比对,进行调整速度,即应做好三项重要数据的测试工作。

①每分钟前进速度,应将顶推速度控制在设计要求内。

②控制采取点动方式操作,测量组应测量每点动一次前进距离的数据,以供顶推初步到位后,进行精确定位提供操作依据。试顶过程中,应检查桥体结构是否平衡稳定,有无故障,关键受力部位是否产生裂纹。如有异常情况,则应停止试顶,查明原因并采取相应措施整改后方可继续试顶。

③记录梁体启动时顶力的大小,从而了解 MGE 滑块与不锈钢板之间的摩擦系数。

(8)正式顶推

首先选择手动模式,逐一将顶推顶前后主顶的活塞回到行程开关位置后开始手动顶推。主控台操作人员按下"前顶进"按钮,油泵操作人员调整溢流阀的工作限压,在 30%、50%、70%、80%、85%、90%、95%、100% 最大经验牵引力状态下,检查各受力结构变形情况,如有异常立即报告。

检查油泵,顶推顶,前后夹持器,前后监控器,压力表,钢绞线是否异常。

手动操作顶推系统牵引主梁滑移启动后,转换至自动运行模式,进行主梁的自动连续顶推。当顶推开始后,工人将从滑道前端吐出的滑块,拿到滑道后端重新喂入,必须保证相邻两块滑块间隙小于10cm。

自动顶推过程中,应注意记录顶推过程中的油压最大、最小值。顶推过程中必须保证12台千斤顶同时作业。

(9)顶推过程控制

顶推过程中随时对顶推千斤顶、箱梁、临时墩的状态进行测量控制,在梁体、临时墩等关键位置布置相关测点,采用光纤光栅传感器技术测量梁体、临时墩顶推过程中的应力,顶推时各数据通过对讲机按预定顺序向总指挥报告,发现中线异常,按要求启动动态纠偏;发现其他异常,停止顶推分析原因并处理。测量内容主要有以下方面。

①千斤顶同步控制。

在连续牵引过程中,需要确保12台连续牵引千斤顶动作同步,同时进行锚具松紧,主千斤顶伸、缩等动作。计算机控制系统根据千斤顶位置信号和锚具信号,确定所有千斤顶的状态,根据连续牵引千斤顶的当前状态,控制系统根据控制要求,决定连续牵引千斤顶的下一步动作。当计算机控制系统决定连续牵引千斤顶的下一步动作后,向所有液压泵站发出同一动作指令,控制相应的电磁阀统一动作,实现所有连续牵引千斤顶的动作一致,同时锚具动作、同时伸缸与缩缸或同时停止。

在牵引过程中,为了实现12台连续牵引千斤顶的牵引力均衡,在每台牵引千斤顶上安装压力传感器,利用压力传感器检测各个牵引千斤顶的牵引力,反馈给计算机控制系统,计算机控制系统通过调节比例阀来调节各台牵引千斤顶的压力,保持各台牵引千斤顶的牵引力差控制在5%范围之内,实现牵引力均衡。

系统设置了超差自动报警功能,一旦某点牵引千斤顶牵引力差超过某一设定值,系统将自动报警停机,以便检查,通过手动干预调节。

②中线测量:包括前端钢导梁中线测量和箱梁尾端中线测量。钢导梁前端平联上设点,顶推前进方向设立全站仪观测;箱梁尾端设点,尾端设全站仪观测。

③高程测量:钢导梁前端高程测量,用作和前进方向临时墩高程进行比对;箱梁顶面高程测量。

④主梁应力监测。

主梁在顶推过程中,由于其支承状态的不断变化,控制截面的位置及内力状态均发生变化,并且这种顶推过程内力还与主梁梁底平整度及临时墩的不均匀沉降有关。

根据顶推过程主梁内力计算结果,可选取若干控制断面进行应力监测,同时对临时墩变形进行监测,以确保主梁受力安全。

应力达到计算值则进行预警,达到计算值和容许值的均值则报警,暂停顶推施工,查明原因方可继续施工。

⑤临时墩应力监测。

因为主梁拖拉过程中,每个支承主梁的临时墩均将受到支座摩阻力的作用,根据临时墩的具体构造,通过实时监测主跨侧墩底截面应力的方式监控临时墩的受力安全。控制临时墩底承台以上1.5m,应力达到计算值则进行预警,达到计算值和容许值的均值则报警,暂停顶推施工,查明原因方可继续施工。

⑥临时墩变形监测。

临时墩的沉降量直接关乎拖拉主梁的受力情况,在临时墩沉降达到5mm时进行预警,达到10mm时进行报警,并停止顶推施工,待查明原因后方可继续施工。

临时墩纵、横向水平位移达到预警值,需要对其进行严密的监测,达到报警值时应当立即停止拖拉并采取有效的控制措施。预警值取容许值的50%,报警值取容许值。

⑦重点部位观察。

重点观察钢导梁与主梁钢混过渡段、主梁尾端滑道处、主梁对应滑道位置底板和腹板、临时墩滑道、横向限位架等部位,当观察到有破损、裂缝或过大的变形时,应当停止顶推并采取有效控制措施。

(10)顶推就位

①顶推中线的控制采用横向纠偏装置来进行左右调整。

②顶推就位前1m采用点动的方式控制就位,并配合全站仪进行控制。

③就位后允许其中线偏差不大于10mm。

(11)顶落梁施工

顶推完成后,拆除钢导梁,并在永久墩进行顶落梁安装永久支座。

选用4台800t同步千斤顶(精度0.1mm),进行顶落梁施工,最大顶升高度5mm,相邻各顶点高差不得大于3mm,落梁时以控制支座反力为主,适当考虑梁底高程,各墩台的千斤顶油压必须按照分级、分步逐次加升至理论值,要求每一级压力的操作时间不少于10min,且在每级压力上持压5min,以保证有足够的时间使梁体进行内力传递和分配,减小梁体变形滞后现象带来的影响。

5.3 劳动力组织

劳动力组织情况见表1。

劳动力组织情况表 表1

工 序	分 工	人数(人)	备 注
制梁	管理人员	60	
	技术人员	10	
	钢筋工	40	
	模板工	20	
	混凝土工	30	
	架子工	20	

续上表

工 序	分 工	人数(人)	备 注
制梁	电焊工	8	
	电工、钳工	6	
	张拉工	20	
	小计	160	
顶推	总指挥	1	
	副指挥	3	
	技术人员	6	
	监测人员	3	
	主控台司机	1	
	液压站司机	2	
	牵引千斤顶检查	12	
	质量检查员	2	
	电工	2	
	测量工	6	
	喂接滑块	42~108	每滑道处3人
	纠偏	24	每限位处3人
	小计	104~170	

6 材料与设备

本工法采用的机具设备见表2。

机具设备表 表2

序号	设备名称	设备型号	单位	数量	用途
1	连续顶推千斤顶	ZLD200-300	台	12	顶推
2	液压泵站	ZTB40.0	台	12	顶推
3	油缸行程传感器	TF-S250	个	24	顶推
4	压力传感器	TF-P40	个	24	顶推
5	电脑控制室	HLDKA-12A	台	1	顶推
6	电脑控制台	HLDKA-6	台	6	顶推
7	通讯电缆		批	1	顶推
8	高压油管		批	1	顶推
9	控制电缆		批	1	顶推
10	电动油泵	ZB4-500.0	台	1	顶推
11	千斤顶	YDC240QX-200.0	台	2	顶推
12	纠偏千斤顶	100t	台	4	顶推

续上表

序号	设备名称	设备型号	单位	数量	用途
13	纠偏千斤顶	200t	台	2	顶推
14	纠偏千斤顶	100t	台	2	顶推
15	落梁千斤顶	SJFD800-120	台	4	顶落梁
16	变频调速液压泵站	SVSLC-BP-ZK	台	2	顶落梁
17	手持式控制器	SVSPLC-BP-8-700-120	套	1	顶落梁
18	笔记本电脑		台	1	顶落梁
19	压力传感器	TM700	个	8	顶落梁
20	控制电缆		批	1	顶落梁
21	拉线位移传感器	TA-500	个	8	顶落梁
22	中速光纤光栅解调仪	BGK-FBG-8600	台	2	施工监测
23	中速光纤光栅解调仪	BGK-FBG-8210	台	1	施工监测
24	光纤光栅埋入式应变计	BGK-FBG-4200	个	140	施工监测
25	光纤光栅表面应变计	BGK-FBG-4150	个	86	施工监测
26	光缆		米	8340	施工监测
27	全站仪	TCA-2003	台	1	施工监测
28	精密水准仪	DINI03	台	1	施工监测
29	经纬仪	T2	台	2	施工监测
30	测点棱镜	Leica	个	14	施工监测
31	笔记本电脑		台	1	施工监测
32	真空压浆泵	3MPa	台	2	压注水泥浆
33	拌浆机		台	2	制作水泥浆
34	25t汽车吊		台	2	吊装模板、钢筋
35	长臂混凝土泵车	47m	台	6	梁体混凝土浇筑
36	混凝土运输车		辆	30	梁体混凝土运输
37	翻斗车		辆	2	场内运输
38	钢筋机械	切断、弯曲机	套	4	钢筋下料、成型
39	电焊机		台	20	钢筋焊接
40	对焊机		台	3	钢筋焊接
41	直螺纹机		台	2	钢筋连接
42	泵车		台	2	输送混凝土
43	振捣棒		根	30	混凝土振捣
44	千斤顶	650t	台	2	张拉
45	千斤顶	400t	台	4	张拉

续上表

序号	设备名称	设备型号	单位	数量	用途
46	千斤顶	250t	台	4	张拉
47	千斤顶	100t	台	2	张拉
48	千斤顶	30t	台	4	张拉
49	油泵	50型	台	10	
50	油泵	80型	台	4	
51	变压器	500kV·A	台	1	
52	柴油发电机	320kW	台	1	
53	装载机	Z50	台	2	

7 质量控制

7.1 一般要求

(1)加强测量的精度控制和复核,确保钢导梁、滑道、梁体的制作及安装尺寸精度满足设计文件要求。

(2)严格执行合同文件有关规定和施工规范要求。

(3)每一步施工程序都要制定相应的施工实施细则指导施工。

(4)严格执行材料,设备进场的复核验收工作程序,确保进场材料,设备合格。

(5)严格每一道工序开工前和结束后的检查验收制度,坚持执行班组自检,质检部门检查合格,报请监理工程师检验的工作程序,重要工序请监理旁站监督检查。

7.2 质量控制标准

根据《公路桥涵施工技术规范》(JTG/T F50—2011)和《公路工程质量检验评定标准 第一册 土建工程》(JTG F80/1—2004)及其他有关规定,质量标准见表3。

顶推施工梁允许偏差表　　表3

序号	检查项目		规定值或允许偏差	检查方法和频率
1	混凝土强度(MPa)		在合格标准内	按JTG F80/1—2004附录D检查
2	轴线偏位(mm)		10	全站仪或经纬仪;每段检查2处
3	落梁反力		符合设计规定;设计未规定时不大于1.1倍的设计反力	用千斤顶油压计算;检查全部
4	支点高差(mm)	相邻纵向支点	符合设计规定;设计未规定时不大于5mm	水准仪;检查全部
		同墩两侧支点	符合设计规定;设计未规定时不大于2mm	

7.3 质量保证措施

(1)采用先进中控台,保证多台千斤顶按照曲线内外侧同步顶推施工。

(2)临时墩顶的限位架满足要求的反力,保证千斤顶和限位装置的纠偏储备。

(3)滑道顶面应始终保持清洁,滑道使用前应作超载试验,滑道顶面高程应符合设计和施工规范要求。

(4)箱梁底面,尤其是与滑道相关的部分,必须做得平整,其误差应在规范允许范围之内。

(5)夜间施工要点顶推时,需安装好各个方位的照明设施,确保不留死角。为防止动力线路出现故障造成突然停电,在顶推桥附近备用了一台300kW的柴油发电机,能为顶推桥施工提供充足的电力保障。

(6)主梁模板应具有足够的强度、刚度和稳定性,应能保证梁体各部形状、尺寸及预埋件的准确位置,严格控制滑道及限位位置误差。

(7)顶推开始前设置轴线测点、箱梁应力测点、临时墩应力和位移测点等,对顶推过程进行实时监测,保证顶推安全,就位准确。

(8)提前获取顶推当天的气象信息,避免可能出现的大风对转体工作的危害,并采取有效防范措施。

8 安全措施

(1)针对各种施工工况,采用多种有限元计算程序对各相关结构进行受力和变形计算,确保结构受力安全。

(2)严格执行材料出厂证明、进场复检制度,控制原材料质量。

(3)当跨越铁路时,在顶推施工前,要向铁路部门办理铁路要点手续。

(4)顶推施工安全保证措施有如下几个方面。

①认真贯彻执行国家和地区建设施工现场安全防护标准及在既有线上施工的一切规章制度。对所有在岗人员进行安全教育,认真学习相关操作规程,经项目经理部审定合格者方可持证上岗。所有上岗人员始终贯彻落实"安全第一"的原则。

②由于顶推工程难度大、程序复杂、作业机械多,故要求顶推施工前应建立统一的指挥机构,并配备通信联络工具。顶推施工中应听从统一指挥,发现问题或隐患应及时报告,并随时处理。

③跨线顶推作业时,必须提前向铁路行车部门申请铁路封闭线路,批准给点后方可作业,顶推时还应积极和车站联系,并应派专职防护员进行防护。

④在顶推施工时要设专职防护员,统一着装,持上岗证,所有在岗人员严格遵守《建安工人操作规程》。做好下部防护措施,严防上部施工坠落物件危及行人与施工安全。用对讲机随时汇报防护情况。

⑤在顶推施工中,操作人员精力高度集中,从事本职工作,密切注意顶推情况,遇到异常,立即停工排除。顶推就位要准确,梁体支撑要稳固。

⑥顶推施工前全面检查所用机具设备及各项安全防护措施。

⑦顶推施工前进行详细的安全交底,做到操作人员人人心中有数。

⑧顶推施工前,成立专门的调度组,由项目经理负责总体调度,加强通讯联系,保持与铁路主管部门的实时联系,同时,安排驻站员1名,驻站员办理要点、消点工作,并将顶推进展情况及时通报铁路及相关部门。

⑨顶推过程中对梁体轴线和应力、临时墩应力和变形等进行实时监控,保证顶推顺利、平稳、安全。

⑩提前与气象部门联系,取得第一手气象资料,保证转体过程中天气良好。

⑪特殊或紧急情况处理措施有如下几个方面。

a. 顶推施工中,下滑道与梁底间填塞 3cm 厚 MGE 滑块,由于临时墩的不均匀沉降、梁底不平整、滑块被挤压破坏等原因,可能导致 3cm 后滑块无法正常送入滑道,因此现场准备了 400 块 2cm 厚滑块备用。当梁底和滑道间距过小时,考虑填塞黄油,做到尽可能地降低滑道间的摩擦系数,减小顶推用牵引力。

b. 由于顶推轨迹为 $R=3500\text{m}$ 半径的圆曲线,牵引力的前端反力座位于 4 号主墩上,为固定位置。牵引力的后端锚固点位于顶推段箱梁的尾端,随箱梁的顶推不断前行。因此,牵引力的合力中心和箱底摩擦反力合力中心之间的关系随时变化,考虑到两合力产生的力矩对顶推的横向限位受力的不利影响,提前将 12 道牵引力左右两组进行等差控制,最大限度抵消摩擦反力的影响。纠偏过程中,可将最外侧 2 台 200t 千斤顶,替换为 350t 千斤顶,实现较大的牵引调整力矩。

c. 限位装置被破坏。因为牵引力合力中心和摩阻力合力中心不重合的影响,产生对横向限位装置不利的分力,由于滑道的不均匀沉降和顶推箱梁左右自重差异的影响,当监测显示横向限位受力报警时,对限位钢结构支架进行加强。同时备用 5 台 100t 的限位千斤顶,必要时将限位滚轴替换为纠偏千斤顶。

d. 4 号主墩处在顶推就位后需使用 4 台 800t 千斤顶落梁,此 4 台千斤顶提前放入预定位置,当由于临时墩沉降等原因前端钢导梁无法正常上滑道时,或者滑块无法填入时,可将顶推箱梁适当顶起。

e. 前端钢导梁有效伸出长度为 44m,在顶推过程中可能由于临时墩沉降和自身挠度的影响,无法正常上滑道。在钢导梁的最前端设置船头坡,临时墩顶安装千斤顶,在钢导梁上滑道前对其进行适当顶升。

f. 12 台 200t 千斤顶提供的最大顶力为 2400t,由于静摩擦系数和梁底不平整度的影响,启顶时顶力可能会超过设计值 1760t。由于 200t 千斤顶为连续牵引千斤顶,每台千斤顶实际由 2 台组合而成,通过交替工作实现连续作业,所以箱梁启动时可使每台千斤顶的 2 组千斤顶同时作业,最大可提供 4800t 牵引力,保证克服摩擦力的牵引力储备。

9　环保、节能措施

(1)成立对应的施工环境卫生管理机构,在工程施工过程中严格遵守国家和地方政府下发的有关环境保护的法律、法规和规章,加强对施工燃油、工程材料、设备、废水、生产生活垃圾、弃渣的控制和治理,遵守防火及废弃物处理的规章制度,做好交通环境疏导,充分满足便民要求,认真接受城市交通管理,随时接受相关单位的监督检查。

(2)将施工场地和作业限制在工程建设允许的范围内,合理布置、规范围挡,做到标牌清楚、齐全,各种标识醒目,施工场地整洁文明。

(3)设立专用排浆沟、集浆坑,对废浆、污水进行集中,认真做好无害化处理,从根本上防止施工废浆乱流。

(4)优先选用先进的环保机械。采取设立隔声墙、隔声罩等消声措施降低施工噪声到允许值以下。

(5)对施工场地道路进行硬化,并在晴天经常对施工通行道路进行洒水,防止尘土飞扬,污染周围环境。

(6)本工法使主梁在远离铁路、公路、水路等航线处采用支架现浇施工,减少了对繁忙航线正常运营的干扰。

(7)本工法使主梁在线路范围内进行施工,减少了城市拆迁和临时征地费用,降低了造价。

(8)本工法中主梁使用的支架为可反复利用的万能杆件,提高了材料周转次数。

(9)不必增大桥下净空来创造施工条件,可以最大限度地降低建筑高度,减少工程总造价。

10 技术经济效益分析

(1)施工进度快,不出异常情况下顶推速度可以达到10~15m/h。以京包上地斜拉桥为例,拖拉距离213m,由于跨越城铁和国铁,根据要点情况,每天夜间0:00~3:00施工,仅20天时间就完成了212m长B段箱梁的顶推架设,共要点60h。

(2)梁体在远离铁路处支架现浇施工,大大改善了施工条件,提高了施工质量,缩短了工期。

(3)可以适应城市狭窄场地,避免了昂贵的征地拆迁费用。

(4)顶推施工在天窗时间进行,对城铁、铁路运营的影响小。

(5)采取了顶推过程控制措施,保证了顶推各结构安全和准确就位。

11 应用实例

11.1 工程概况

京包高速上地斜拉桥是京包高速公路(五环路—六环路)工程的一部分,为46m+46m+230m+98m+90m五跨连续独塔单索面预应力混凝土曲线斜拉桥。桥梁全长510m,主梁宽35.5m,主塔高99m。全桥位于圆曲线(半径920m)+缓和曲线($A=474.76$m)+直线及纵坡(2.0%)+竖曲线(半径11000m)+纵坡(-1.478%)上。主跨跨越地铁13号线、既有京包铁路及规划京张城际铁路,与既有线路小角度斜交,交角约为19°。其中主跨B段212m现浇箱梁,采用塔后预制,拖拉就位。拖拉段箱梁自重250000kN和梁宽35.5m均为曲线混凝土箱梁拖拉施工的世界第一,63m的最大悬臂也刷新了国内曲线混凝土箱梁顶推或拖拉的记录。全桥布置与拖拉段示意见图15。

11.2 施工情况

施工4轴主塔下塔柱作为牵引反力座,施工L1~L21临时墩,临时墩沿拖拉轨迹$R=3500$m平曲线及3.76‰纵曲线延伸布置,钢导梁不能支承于L4临时墩上,当混凝土梁上L4时最大悬臂达到63m,见图16,在主塔墩及临时墩墩顶布置滑道及横向限位架,在塔后支架现浇212m长B段主梁,安装44m长钢导梁,脱空支架,安装限位纠偏装置,安装牵引千斤顶,安装牵引索,先单根预紧,再整体预紧,调试牵引系统,试顶,正式顶推,顶推过程监测,纠偏或排除异常,分次要点顶推213m就位,在4轴顶落梁,安装永久支座。

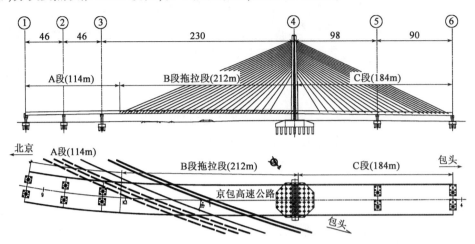

图15 全桥布置与拖拉段示意图(尺寸单位:m)

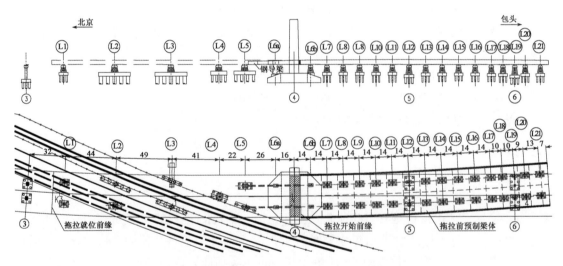

图16 拖拉过程临时墩的平立面布置图(尺寸单位:m)

11.3 施工完成情况评价

由于跨越城铁和国铁,根据要点情况,每天夜间0:00~3:00施工,经过20d连续顶推于2011年5月7日成功精确就位,前端偏差7mm,尾端偏差4mm,梁体未开裂。整个拖拉施工过程中,根据现场各项监测数据,主梁、各临时墩的应力、变形均与计算结果吻合较好。

隧道独头掘进 9500m 以上无轨运输巷道式射流施工通风工法

1 前言

锦屏水电工程辅助洞由两条相互平行的交通隧道组成,隧道线间距 35m,单线长约 17.5km。由于隧道所处地势险峻,没有条件设置辅助坑道,辅助洞西端洞口场地狭窄不具备有轨运输施工条件,导致隧道采用无轨运输独头掘进超过 9500m 以上。

为解决特长隧道无轨运输施工通风技术难题,加快工程建设进度,中铁二局集团有限公司联合设计单位与大专院校开展了科技攻关,取得了"高压富水地层超深埋特长隧道施工技术"新成果,于 2008 年 4 月通过四川省科技厅鉴定,并获得 2008 年四川省科技进步三等奖和中国铁路工程总公司科学技术一等奖。通过对特长隧道巷道式射流施工通风技术的研究与应用,形成了"隧道独头掘进 9500m 以上无轨运输巷道式射流施工通风工法"。

本工法突破了现行隧道施工技术规范对通风方式的要求,解决了独头掘进 9500m 以上隧道无轨运输施工通风技术难题。该工法应用于锦屏辅助洞工程,不但满足了隧道施工通风的要求,改善了洞内作业环境条件,而且隧道施工任务由原合同 K0 + 34.5 ~ K8 + 000 增至 K9 + 800,创造了国内隧道无轨运输独头掘进 9724m 的施工通风新纪录,取得了显著的经济社会效益。

2 工法特点

(1)利用相邻两巷道作为施工通风的循环通道,节省了通风管道。
(2)把巷道作为主风道,断面大,减小了风阻,保证了通风质量。
(3)进、排风路径可根据实际施工情况进行轮换,有利于开展洞内多工序平行作业,减少了施工干扰,施工组织方便灵活。
(4)射流风机控制灵活,方便管理与维修。
(5)巷道式射流通风能够解决超长距离施工通风技术问题,而压入式通风、吸出式通风或混合式通风,在无轨运输条件下,目前尚无类似工程实例报道。

3 适用范围

适用于有两相邻并行隧道(巷道),构成巷道式通风条件的所有地下工程项目。

4 工艺原理

射流风机产生的射流初速度 v_j 进入通风速度为 v_i 的隧道空间,在风机出口处,射流与隧道气流之间形成切向间断而产生旋涡,使射流微团产生横向脉动,并与隧道气流进行能量、质量交换。这种"卷吸"作用,使射流范围扩展、能量增加、速度减小,压力上升,形成射流发展过程。与此同时,伴随着流动范围逐渐减小,压力同步上升,整个隧道气流沿着纵向呈现一种渐变的、非均匀的逆向流动,直到射流完成,断面开始形成均匀流分布,污染物在气体中的扩散也受到整个射流过程的影响。

巷道式射流施工通风不完全等同于公路隧道的运营通风。运营通风是隧道已经贯通并处在正常使用阶段,而施工通风是隧道正在掘进期间,其构成巷道的隧道间未贯通,因此射流通风用于运营和施工过程存在一定差别。但研究与试验运用表明,经过相关简化后,公路隧道运营通风理论完全适用于巷道式射流施工通风。施工期间的巷道式射流通风为混合通风,即开挖工作面的通风始终是轴流风机供风,轴流风机的新鲜风源与污浊空气的排除是依靠射流风机升压所产生的进出风道压力差而形成通风循环,最终实现洞内外空气交换的目的。通风原理见图1。

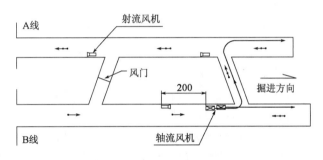

图1 巷道式无风门通风原理图(尺寸单位:m)

5 施工工艺流程及操作要点

5.1 施工工艺流程

当构成巷道式通风的A、B两隧道(洞)在第二个横向通道贯通后(一般横向通道间隔500m左右),就可以在两巷道内布置一定数量的射流风机向洞内分别供入新鲜风和排除污浊空气。也可根据实际情况,前期采用压入式通风形成独立的通风系统,待第四个横通道形成后再转为巷道式通风,并在吸入新鲜风的巷道内布置轴流风机,风机位置为离掌子面最近的横向通道后方80~100m的地方,通过轴流风机与风管将其后方的新鲜空气直接压入到巷道开挖工作面;吸入新鲜风的巷道和排除污浊空气的巷道均布置射流风机。进、排风路径可根据实际情况进行轮换。

特长隧道无轨运输巷道式射流施工通风施工工艺见图2。

5.2 操作要点

5.2.1 轴流风机通风计算与风机选型

巷道式通风中,因轴流风机设置在紧靠掌子面后方的第一个横通道后方80~100m位置,其通风距离一般在800~1000m,该段的整个通风量不需要计算,直接选择2×110kW、2×135kW变频风机,完全能满足通风需要。在掌子面超前最近的横通道300m安全距离后,将A或B巷道的轴流风机同步向前推进,特殊情况可完成两个横通道后再移动。

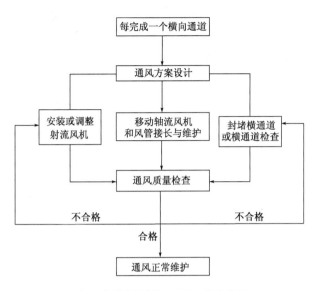

图 2 巷道式射流施工通风工艺流程图

5.2.2 射流通风计算与风机选型

(1) 射流通风计算

射流风机数量计算较复杂,在设备配备时一般可参考公式计算考虑,而实际在使用时是以保证现场通风质量为前提,根据试验确定。它与射流风机的功率、效率、通风质量、隧道断面等直接相关。计算简图见图 3。

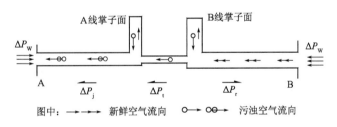

图中: →→ 新鲜空气流向　○→○○ 污浊空气流向

图 3 射流通风计算简图

ΔP_w-自然通风阻力;ΔP_j-射流风机升压力;ΔP_t-交通通风阻力;ΔP_r-通风阻力。因构成巷道式通风的两洞口相距较近与为满足特长隧道快速施工的需要,往往一次性配置足够数量的车辆,因此,其 ΔP_w 和 ΔP_t 可以忽略不计,计算射流风机台数时只考虑 ΔP_r。

经过相关简化后,射流风机数量可按公式 $n = \dfrac{\Delta P_r}{\Delta P_j}$ 计算。

式中:ΔP_r——通风阻力(Pa);

ΔP_j——射流通风升压力(Pa)。

ΔP_r、ΔP_j 可按下述公式分别进行计算。

①通风阻力计算

$$\Delta P_r = \left(\Sigma \zeta + \Sigma \lambda_i \frac{L_i}{d_i} \right) \times \frac{\rho}{2} \times v_i^2$$

式中:ΔP_r——通风阻力(Pa);

$\sum \zeta$——局部阻力系数(对特长隧道而言,每 500~600m 设置横通道一处,局部阻力相对沿程摩擦阻力较小,计算时可以忽略);

λ_i——隧洞内沿程摩擦阻力系数;

L_i——隧洞的长度(m);

d_i——隧洞内的水力直径(m);

v_i——隧洞内的风速(m/s);

ρ——空气容重,取 1.2kg/m³。

$$\lambda_i = \frac{1}{\left(1.1138 - 2\log\frac{\Delta}{d_i}\right)^2}$$

式中:Δ——隧道壁面粗糙度(mm)。

比较光滑的混凝土标准断面一般情况下 $\lambda_i < 0.1$,可参考相关资料取值计算;然而施工期间洞身一般为锚喷支护,由于超挖存在,即便经临时喷护后,表面粗糙度平均达到 200~500mm,因此按上述两式计算沿程摩擦阻力系数 $\lambda_i = 0.135 \sim 0.360$ 代入公式计算的风机数量与实际情况相差较大,取值时仅供参考。

根据锦屏辅助洞前 9000m 每阶段实际风机布置与测试数据统计与回归分析,洞内在达到施工安全的临时喷护后,λ_i 取值按 0.10~0.2 考虑比较切合实际情况。

$$d_i = \frac{4 \times A_r}{C}$$

式中:C——隧道断面周长(m)。

$$v_i = \frac{Q_{需}}{A_r}$$

式中:v_i——隧道内风速(m/s);

$Q_{需}$——洞内需要的风量(m³/min)。

②射流通风升压力计算

$$\Delta P_j = \rho \cdot v_j^2 \cdot \phi \cdot (1-\psi) \cdot K$$

式中:ΔP_j——射流通风升压力(Pa);

K——喷流系数 0.85;

v_j——射流风机出口风速(m/s);

ϕ——面积比,$\phi = F_j/F_s$;

F_j——射流风机的出风口面积(m²);

F_s——隧道横断面积(m²);

ψ——速度比,$\psi = v_i/v_j$。

(2)射流风机选型

研究表明,施工通风宜选择大功率的强射流风机。如 QSF-1250 型强射流风机,功率 75kW,口径 1250mm,稳定风速可达到 40m/s。

5.2.3 风机安装与布置

(1)风机安装

射流风机安装在隧道(洞)的顶部或设置在离隧道(洞)底板一定高度的隧道(洞)边墙一

侧。为了方便维修和不影响洞内其余工序施工,通常设置在离底板1.5~2.0m的高度位置。风机支架采用型钢制作,支架安装必须牢固,电源控制柜放置在干燥位置,风机与控制柜有明显的安全标识。

轴流风机设置在进入新鲜空气的隧道(洞)中,其位置在紧靠开挖工作面的第一个横向通道的后方80~100m位置。风机紧靠在隧道(洞)边墙侧安装,其高度不低于1.2m。

(2)轴流风机的风管安装

①风管安装在拱顶和边墙位置,当无轨运输的净空满足要求时,为便于维修方便,一般设置在边墙,其悬挂高度不低于2.5m;当净空受限时则必须安装在拱顶位置,悬挂必须顺直牢靠。

②风管的弯管安装。风管弯管使用特制的软管制作,并用拉链与主风管相连接。

(3)风机控制柜与供电变压器安装

控制柜与风机配套使用,单机、单闸、单柜,并设置自动断电保护装置。

变压器原则上与洞内其余工序用电结合起来考虑设置。变压器必须设置在干燥或环境条件较好的洞段,离地高度不小于1.2m,警示标识明显。

(4)风机平面布置原则

进风道数量相对排风道要少,风机间距与风机功率、有效射程、通风质量与隧道断面密切相关,基本上按3:7分布可达到较好的通风效果。布置在排除污浊空气的隧道内的射流风机宜均匀分布;在进入新鲜风流的隧道内,风机主要布置在横向通道的开启位置或靠近轴流风机后方各横向通道附近布置或布置在有少量内燃作业的横通道附近。若射流风机靠近横向通道附近时,风机要布置在靠风流方向的上方并离通道边壁位置5~7m。

当横通道开启时,必须在A、B线靠近横通道的相对应位置增加射流风机,以平衡横向通道内的风压,确保污浊空气不被吸入到进风洞内(增加的风机不在计算数量之内)。

5.2.4 风门封堵

为确保通风质量,防止洞内出现循环风流,当不需要利用横向通道进入施工洞内进行其他工序作业时,必须将横向通道全部封堵;如果根据施工安排,需要开启横通道时,可拆除或暂不封堵横向通道,但此时为确保通风质量,必须在A、B线对应位置设置射流风机,以防止在横通道局部出现循环风。风门封堵可使用角钢、方木和竹制品等材料,注意预留进入门。同时要注意风门封堵尽量要严密,以减少漏风。

5.3 劳动力组织

劳动力组织与隧道长度及风机台数有关,详见表1。

劳动力组织情况表 表1

序　号	施 工 通 风	所需人数(人)	备　　注
1	管理人员	2	
2	技术人员	1~2	
3	工班长	2~3	
4	通风工	6~9	

续上表

序 号	施工通风	所需人数(人)	备 注
5	风机司机	2~3	
6	辅助工	2	
7	电工	2	
	合计	17~23	通风距离8000m以上取大值

6 材料与设备

本工法无需特别说明的材料,采用的机具设备配备见表2。

巷道式无风门通风设备配置表 表2

名 称	型号或规格	数量	安装位置	备 注
射流风机	75kW	—	边墙或拱顶	风机数量与通风长度有关
轴流风机	2×110或2×135	3	边墙侧	备用1台,变频
风管	ϕ120~150	2×(800~1000)	拱顶或边墙	拉链式,并配置变管
变压器	315kV·A或500kV·A	—	边墙	结合其他工序考虑
控制柜	—	—	靠风机设置	与运转风机数量相同
风速度检测	风速仪	1		
有害气体检测	CO仪	1		
有害气检测仪	其他有害气体	氮氧化物或H_2S或瓦斯		由实际情况选择

注:射流风机及其配套设施的数量与隧道(洞)通风长度直接相关,可通过计算估算。

7 质量控制

7.1 通风设计依据

《水工建筑物地下开挖工程施工技术规范》(DL/T 5099—2016)。
《公路隧道照明设计细则》(JTG/T D70/2-01—2014)。

7.2 设计计算采用的劳卫标准

(1)一氧化碳(CO)一般情况下不大于30mg/m³,特殊情况下,施工人员必须进入工作面时,可为100mg/m³,但工作时间不得超过30min。

(2)二氧化碳不得大于0.5%(按体积计)。

(3)氮氧化物为5mg/m³以下。

(4)洞内最高平均温度不大于28℃。

(5)洞内噪声不得大于90dB(A)。

(6)洞内最小排尘风速不得小于0.25m/s。

(7)洞内最大排尘风速不得大于6.0m/s。

(8)含10%以上游离二氧化硅的粉尘,每立方米空气中不得大于2mg;含10%以下游离二氧化硅的矿物性粉尘,每立方米空气中不得大于4mg。

(9) $H_2S<6.6ppm(10mg/m^3)$(反复作业的间隔时间应在2h以上)。

7.3 质量控制措施

(1)风机、风管的安装质量控制。

①轴流通风机应摆设在新鲜风流中,四周无障碍物。

②风机摆放应牢固,风机与风管的连接应密封,如果截面变化过于剧烈可以制作铁皮接头避免增大阻力。

③定期对风机的机械部分和电气部分进行检修养护,一般以三个月为一个周期,特殊情况下可缩短周期。

④应保证接头的密封,注意使风向与风管上标注的风向箭头保持一致。

⑤风管吊挂应平、直、顺。

⑥破损的风管应及时拆换、修补,尤其是靠近风机段的风管严禁出现漏洞。新风管用在靠近风机段,修补后的用于中后段。

⑦搞好风门封堵或随时检查风门漏风情况,若发现漏风,要及时修补,确保洞内不出现循环风流。

(2)污染源控制。

减少污染源是做好通风质量控制的关键。一是运输设备选型时尽量考虑低污染车辆;二是在装渣等待时间内尽量不开发动机;三是运输车辆尽量均匀拉开距离,保证在洞内同时通行的重车不宜过多;四是爆破后采取洒水等降尘措施。

(3)通风效果的检查与风机状态的观测。

①应定期对通风效果进行监测检查,以确保通风效果达到设计要求并符合劳动卫生标准。

②通风效果检测常指风速、有害气体、粉尘等。风速检测在断面不同位置都应该有检测点,同时通风效果监测数据应做好记录,整理后可用来进行效果分析。

③风机司机定时对风机性能进行观测记录并建立运转台账,可为通风效益分析提供基础资料。

(4)根据通风质量要求,及时调整射流风机位置或适当增减风机数量,以保证经济合理。

8 安全措施

(1)隧道内要保持良好照明。

(2)进洞人员必须穿戴齐防护用品。

(3)非操作人员严禁动用各种机电设备,非电工不得进行电工作业操作,操作人员必须持证上岗。

(4)进入作业区应先观察、找顶、撬浮石,确认安全后才能进行作业。

(5)风机安装要稳固并有安全警示标识。

(6)风管悬挂必须顺直牢固。

(7)控制柜采用单机、单闸、单柜,并设置自动断电保护装置。

(8)变压器必须设置在干燥或环境条件较好的洞段,其离地高度不小于1.2m,并有明显警示标识。

(9) 按规定设专职安全员,监督、落实各项安全制度,随时检查、消除各种事故隐患。
(10) 瓦斯隧道施工通风必须遵守现有国家和行业有关瓦斯隧道施工安全的相关规定。

9　环保措施

(1) 施工中严格遵守国家和地方政府印发的有关环境卫生的法律、法规和规章制度,加强管理,接受相关单位及部门的监督和检查。

(2) 加强施工中的环境监测,根据信息反馈指导施工。

(3) 优先选用先进的低污染、低噪声等环保型设备。

(4) 定期、不定期请环保部门进行检测洞内的通风质量。

10　效益分析

(1) 采用本工法通风,通风质量指标均能达到国家卫生标准和隧道施工规范的相关要求,有利于文明施工。

(2) 解决了特长隧道无轨运输独头掘进无风门巷道式施工通风技术难题,与有轨运输设备投入比较,有较好的经济效益。

(3) 使用无风门巷道式射流通风技术,采用无轨运输方式施工,不但施工组织方便灵活,而且有利于多工序平行作业,加快了施工进度。

(4) 改善洞内作业环境,有利于施工人员的身心健康。

(5) 突破了隧道施工技术规范对运输方式的限制,创造了无轨运输独头掘进9724m的纪录,可为类似工程施工提供借鉴。

11　应用实例

11.1　锦屏水电枢纽辅助洞西端土建工程

11.1.1　工程概况

锦屏水电枢纽辅助洞工程位于四川省凉山彝族自治州的木里、盐源、冕宁三县交界处的雅砻江干流锦屏大河湾上,是锦屏一级、二级水电站前期关键工程。辅助洞由A、B两条平行的单车道隧洞组成,中心距离35m,单洞长约17.5km,分东西两端同时掘进,东端为有轨运输,西端采用无轨运输。隧道设计为城门形断面,以锚喷支护为主,局部二次衬砌。隧道为"人"字坡,变坡点在AK9+215.5和BK9+252.5,上坡坡度0.25%,下坡坡度2.5%。隧道过风断面K6+000前A线为31m^2、周长20.5m;B线为36.4m^2、周长22.4m。K6+000~K9+800段A线断面为45m^2、周长24m;B线断面为52m^2、周长25.5m。

11.1.2　施工情况

锦屏辅助洞西端前期2000m为手持风钻钻孔,轴流风机各自形成独立的通风系统;待第三个横通道贯通后,钻孔使用三臂液压台车,ZL50装载机装砟,VOLVO和红岩自卸汽车运输(正常使用共25台能满足需要,其中两种设备数量基本相等),并采用本通风工法。A、B洞分别于2004年1月1日和2004年2月17日进洞施工,至2007年7月2日和3日,A、B洞同时达到K8+000桩号,并完成了原合同的洞挖任务。根据施工情况,业主对施工任务进行了调整,实际锦屏水电枢纽辅助洞西端B线贯通里程为BK9+643;A线贯通里程为AK9+724。创造了单口无轨运输独头掘进9724m的记录和无轨通风记录;与此同时,A、B线的路面混凝土、二次衬砌混凝土、系统锚喷支护、地下水处理等多工序平行安排施工。由于施工过程中遇到高压大流量地下水与岩爆等技术难题,影响到工程施工进度,但辅助洞西端充分利用巷道式通风的特点,合理组织施工工序,总体上加快了辅助洞西端的进度,也由此调整合同任务至K9+800。

隧道掌子面分别采用2×110kW和2×135kW轴流风机分别向A、B线供风;污浊空气排出和新鲜风的提供全部依靠射流风机。射流风机75kW、出口平均风速40m/s。风机出口直径1.25m。

在隧道掘进AK9+264.9和BK9+378.8时,通风理论计算需要射流风机22台,而实际仅为20台,并请凉山州环境监测站对施工通风进行了检测,其质量情况如下:

(1)爆破后开挖工作面15min后空气清新、视线良好。

(2)爆破后10minCO最大浓度77mg/m^3,爆破30min后,在装渣期间离开挖工作面后方150m范围的实测CO浓度一般在10~20mg/m^3。粉尘3.043mg/m^3、NO_x=2.39mg/m^3,均低于国家标准要求。

(3)洞内平均风速1.5~2m/s;两洞高峰同时出砟能见度60~80m。

(4)无明显的炸药硝烟味道和柴油尾气味,出入隧道一趟鼻孔内几乎没有黑色灰尘。

(5)污浊空气隧道温度一般高于进入新鲜空气的隧道2~3℃;洞内温度12~14℃、湿度45%~70%。

11.2 锦屏二级水电站引水隧洞C_2标

11.2.1 工程简况

锦屏二级水电站总装机容量4800MW,单机容量600MW。工程枢纽主要由首部拦河闸、引水系统、尾部地下厂房三大部分组成,为一低闸、长隧洞、大容量引水式电站。其中引水系统采用4洞8机布置形式。引水隧洞洞群沿线上覆岩体一般埋深1500~2000m,最大埋深约为2525m,具有埋深大、洞线长、洞径大的特点。

锦屏二级电站由四条引水隧洞组成,单洞平均洞线长16.5km。引水隧洞工程划分为C_2、C_3、C_4、C_5四个标段,其中C_2标由中铁二局承建,工程开工于2007年8月1日,计划2013年9月15日完工,投资约8.01亿元。

C_2标由1号、2号引水洞组成,断面开挖直径13~14.6m,开挖面积136.97~172.32m^{2}其中1号洞施工范围引(1)0+128~引(1)4+700,洞长4572m长;2号洞施工范围引(2)0+128~引(2)6+000,洞长5872m。引水洞必须经过两个支洞才能进入正洞施工,正洞低于支洞约40m。

11.2.2 工法运用情况

隧洞施工采取无轨运输,机械钻爆作业,装渣使用WA320装载机,15T红岩自卸汽车运输。隧洞分上下部开挖,上部开挖高度9.5m、开挖断面98m^2。本工程由4条相互平行的大断面隧洞组成,两两构成典型的巷道式通风,"隧道独头掘进9500m以上无轨运输巷道式射流施工通风工法"完全适用本项目。但不同之处在于本项目是无露头的巷道式通风(即隧洞的洞口未直接与大气相接,而是通过支洞进入),断面大,工作界面多,因此掌子面的通风必须依靠风管直接供风,而洞内污风与洞内其他工序的施工用风,完全依靠射流风机形成巷道式通风加以解决。

掌子面供风目前使用2台2×135kW变频风机,主风管直径2m,支管1.5m;射流风机使用75kW,分别布置在横向通道附近,对不使用的横向通道进行封堵。

目前隧洞已掘进至引(2)2+600,计入支洞长度,独头已达到3000m,经过检测CO在出渣时达到67.5ppm、能见度80~120m、正洞内风速在1~1.5m;在公用通道的风速达到2~3m。在不出渣的正常施工条件下,洞内CO浓度低于24ppm。

引水洞使用本工法,不但进一步证明了本工法的适用与操作简单,根据工程特点还把适用范围得到进一步的扩展,即有露头巷道式通风的轴流风源是依靠洞内巷道供风,而无露头巷道通风的掌子面风源是依靠风管直接从外界供风。不过如果支洞风源良好,也完全可以把轴流风机放在洞内,风源从支洞进入到巷道,是最佳供风方式。然而本项目公用通道施工单位多,支洞空气条件差,因此在工法运用上得到创新。

无门架新型隧道模板台车衬砌施工工法

1 前言

近几十年来,门架式台车一直担负着我国隧道衬砌施工任务,在施工实践中经过不断改进,克服了诸多难题,但门架式衬砌台车因设计制造的局限性,一些问题一直延续至今,如结构复杂性、变断面衬砌工艺复杂、隧道通风阻力大等问题。无门架新型隧道模板台车较好地解决了上述问题,还增加了许多新的主要功能和辅助功能。如自动控制模板在衬砌过程中的位移变形和自动清理、配管等。无门架新型隧道模板台车不仅能够实现全液压立模、脱模、自动行走,而且具有衬砌表面光洁度高,衬砌工艺简单,操作方便,定位速度快,改善了隧道通风等特点。

本工法的开发依托铁道部科研课题《隧道快速施工关键技术及装备研究》其中的子课题《新型钢模板台车研究设计》项目,由中铁隧道集团有限公司在贵广铁路同马山隧道、南广铁路五指山隧道和云桂铁路富宁隧道施工中成功的应用了该项研究成果,总结形成了该工法。

2 工法特点

(1)本工法所采用的无门架新型隧道模板台车,其设计结构新颖,现代化程度高,增大了有效净空面积,减小了隧道排风阻力。

(2)本工法采用的新型台车结构稳定,操作方便,整体刚度大,结构变形小,稳定性可靠。

(3)衬砌施工过程中台车定位速度快,接管、浇筑、振捣容易,不易跑模,能提高衬砌混凝土的内在和外观质量。

(4)本工法循环作业时间短,能较大提升衬砌施工能力,文明环保,施工安全性提高。

3 适用范围

本工法适用于铁路、公路、水利、市政等领域中,先施作仰拱、填充,后进行拱墙整体衬砌的隧道工程。

4 工艺原理

无门架新型隧道模板台车,整套模板系统通过八个小臂与底部平台的滑动机构连接,滑动机构通过底部平台侧面的四个油缸实现边模的开合,从而实现立模与收模;该模板台车微调性能好,下部安装有模板台车自动报警装置,通过一套位移传感器控制模板衬砌过程中的位移,可使错台减小,衬砌表面平整度提高;增加了伸缩底模,可使底模与仰拱紧密接触,实现了衬砌不跑模;台车内净空增加,减少了风阻,改善了大直径通风管的穿越条件;底部平台上方为车辆行走平台,台车作业时,支撑在地面,供车辆行走;台车移动时,四个举升油缸将底部平台升起,一并行走。

5 施工工艺流程及操作要点

5.1 施工工艺流程

无门架新型隧道模板台车衬砌施工工艺流程图见图1。

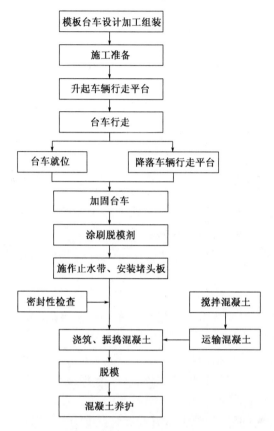

图1 无门架新型隧道模板台车衬砌施工工艺流程图

5.2 操作要点

5.2.1 模板台车设计、加工、组装

无门架新型隧道模板台车,由台车模板总成、底部平台、液压系统、电机控制系统组成,其主要结构见图2。

台车组装时,以前进方向模板为首榀模板,先安装第三榀模板。整体往洞内运输顺序为:基础底架→横移架→第三榀下模板及花架支撑→第四榀下模板及花架支撑→第五榀下模板,待上述安装完毕后再运输第四榀上模板进行安装,然后依次对第六、七、八榀下模板及其上模板进行运输安装。待此侧安装完毕后,将其余模板运至另一侧进行反向安装。

无门架新型隧道模板台车结构示意图见图2,A-A截面示意图见图3。

5.2.2 变断面操作

(1)变断面方式—弧长变换方式

当断面改变时,设计衬砌面的弧长也会改变。

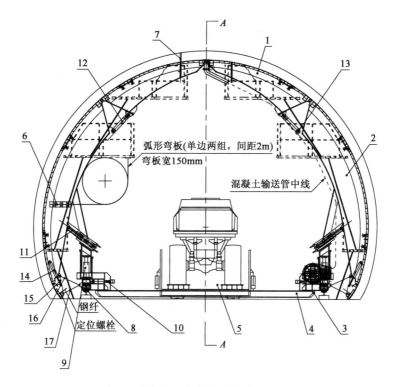

图2 无门架新型隧道模板台车结构示意图

1-顶模板总成;2-边模板总成;3-基础底架;4-支撑底架;5-车辆行走支架;6-风筒安装架;7-排气管;8-行走装置;9-升降油缸;10-平移油缸;11-展开油缸(下);12-展开油缸(上);13-固定连接杆;14-底模展开油缸;15-连接丝杠(一);16-连接丝杠(二);17-连接丝杠(三)

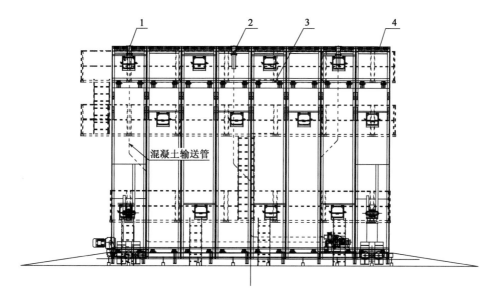

图3 A-A截面示意图

1-工作窗;2-注浆口;3-行走梯;4-三角加强筋

模板总成制造好后弧长是不变的,在以往的常规隧道变断面衬砌采用梅花瓣模板方式时,通过加减底模或改变门架的方式来解决模板弧长与断面加大或缩小后的弧长不相等问题。无门架新型隧道模板台车采用加减底模方式,将边模与底模的接缝布置在水沟盖板底部高程线以下,底模通过改变伸缩底模与边墙基础搭接来解决周长改变问题,见图4。通过这种设计解决了不拆装结构而又能进行断面变换问题。

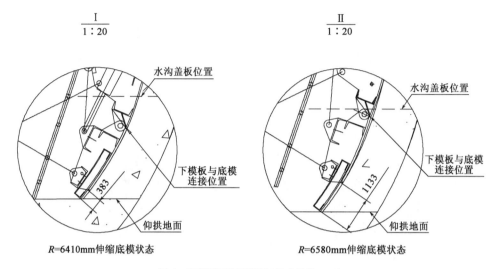

图 4　变断面原理示意图(尺寸单位:mm)

(2)断面变换操作

当需要适应加宽断面时,去除固定连接杆三角座上螺栓,伸出上展开油缸,待油缸支撑到位,旋转三角座,使之另一面螺栓孔与下模板上螺栓孔对齐,栓接完毕,则上下模板发生适当旋转位移,即可适应加宽断面状态。调整完毕后,上、下模板仍为一整刚体,此时立、收模操作方式与标准断面时相同。

采用上述方式进行断面变换所需要的操作工序比较简单,快速方便,节省时间,降低施工成本。变断面操作过程示意图如图5所示。

5.2.3　台车行走前准备

(1)台车行走前要检查地螺杆是否旋起,防止损坏螺杆及台车。

(2)台车行走底模和边模应处于收回状态,防止台车行走时与其他物体发生干涉;横移油缸应处于中间状态,使横移架处于中间可调整位置。

(3)台车行走前要清理仰拱地面,防止台车到位后出现栈桥无法与地面有效接触、损坏栈桥的现象。

(4)台车行走应清除台车周围的物品,防止行走时刮伤模板表面和碰撞台车。

(5)台车行走前检查整理好台车的电缆线。

(6)台车行走前要铺放好导轨,枕木铺设完成后,导轨的铺设要严格关于隧道中线对称,防止中线偏移过大,而使横移架难以满足台车中线的调整需要。

5.2.4　台车行走

在台车行走的过程中要密切观察台车是否与其他物体发生碰撞,电缆线拖动是否顺利,导轨是否发生倾斜,以防止事故发生。一旦有问题出现,要立即停车,将问题排除后再行走。如果导轨倾斜严重,要将台车退回,将导轨摆正后再进行移动台车,以防止导轨翻转。

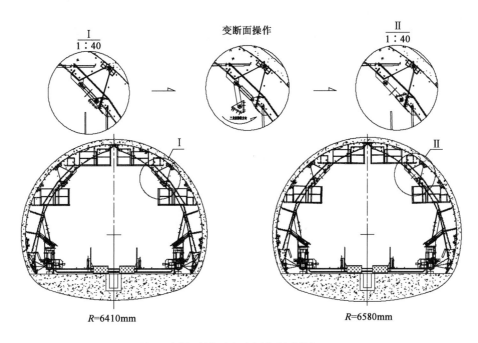

图 5 变断面操作过程示意图(尺寸单位:mm)

5.2.5 台车就位前的准备

在台车就位前要清除台车表面黏附的混凝土块,并均匀涂上脱模剂,以防止影响脱模及衬砌的表面质量。

5.2.6 台车就位

就位时先就位台车的后端面,再就位台车的前端面,两个端面的就位方法相同,所以这里就介绍后端面的就位过程。

首先要将模板的中线与隧道的中线对齐。均匀升起四个升降油缸,将台车升起使模板的最高点与上环衬砌的最高点相距大约5cm,然后通过横移油缸调整模板台车,使模板台车的中线与隧道中线对齐,其次将边模展开。将中心线对齐后,伸出边模油缸,将两侧边模推到距上次衬砌面约7cm的地方,根据观察搭接模与衬砌间的缝隙,对模板进行进一步的调整,消除模板与衬砌间的缝隙。最后展开底模,将伸缩底模拉出即完成就位。

测量组配合衬砌班组进行模板台车就位,其中线、高程、断面尺寸和净空大小必须符合设计图纸要求。

5.2.7 加固台车

为保证台车在浇筑混凝土时油缸基本不受力,就位完成后要对台车进行加固。

将底部螺杆向下旋紧,保证底部螺杆与地面有效接触。

安装边模丝杆,将边模固定,然后安装底模丝杆。安装完成后,要多次反复旋紧各丝杆,以保证每个丝杆都要旋紧。

5.2.8 浇筑混凝土

拱墙二次衬砌采用无门架新型隧道模板台车、混凝土搅拌运输车运输、泵送混凝土灌注，振捣器捣固，堵头模板采用木模。灌注混凝土时两侧要尽量均匀灌注，振动棒振捣。当混凝土高度达到第一个作业窗的位置时，开启辅助振动器，振动器要间断开启，且每次开启时间不宜过长，应控制在30s以内。当混凝土注入高度达到边模与顶模铰接位置时，振动器开启时间可根据需要适当延长。

5.2.9 脱模

脱模时要先拆除边模丝杆及底模丝杆，然后将升降油缸的螺杆旋下，将顶部的抗浮螺杆旋下。之后收起底模，再将边模收回，缓慢降下升降油缸进行脱模，当脱模完成后，将底部螺杆旋起，并将横移架移动到中间位置，为下次就位做准备。

5.2.10 注意事项

(1) 在就位过程中，操作油缸时一定要使同类油缸均匀伸缩，如果油缸伸缩差别太大，则可能导致油缸产生严重的径向变形，而使油缸无法正常伸出。

(2) 在加固台车过程中，要保证每个丝杆都是向外顶紧，而不是向内拉紧，否则可能出现模板变形的现象。旋紧顶部的抗浮螺杆，将螺杆顶到洞顶，以防止在灌注时台车上浮。

5.3 劳动力组织

根据施工现场工程量和施工环境情况，劳动力组织见表1。

劳动力组织情况表　　　　表1

序号	工　种	所需人数(人)	备　注
1	技术人员	2	负责现场管理和技术工作
2	工班长	1	协助技术人员工作，负责劳动力安排
3	拌和站司机	1	负责搅拌混凝土
4	装载机司机	1	负责拌和站上料
5	罐车司机	4	负责运输混凝土
6	混凝土工	6	负责浇筑混凝土
7	电工	1	负责电力供应、照明等
8	焊工	2	负责施工过程中的焊接
9	木工	6	负责堵头模板安装
10	安全防护	1	负责现场安全工作
	合计	25	

6　材料与设备

本工法所用材料已在施工工艺流程及操作要点中说明，无须特别说明的材料，采用的机具设备见表2。

机 具 设 备 表　　　　　　　　表2

序号	设备名称	规格、型号	单位	数量	备注
1	装载机	ZLC50	台	1	
2	拌和机	HZS120	座	1	
3	混凝土运输车	8m^3	辆	4	
4	输送泵	HBT60A	台	1	
5	无门架新型隧道模板台车	12m	台	1	
6	振动棒	ZX-50-8	台	4	

7 质量控制

7.1 工程质量控制标准

无门架新型隧道模板台车施工质量执行《客运专线铁路隧道工程施工指南》(TZ 214—2005)以及《客运专线铁路隧道工程施工质量验收标准》(铁建设〔2005〕160号)的标准。

7.2 质量保证措施

(1)堵头模板安装必须稳固牢靠,接缝严密,不得漏浆。

(2)操作油缸时一定要使同类油缸均匀伸缩,防止油缸产生较严重的径向变形。

(3)堵头模板安装时,先用钢钎将伸缩底模固定好,各伸缩底模间的缝隙要用适当的木块填堵,确保不出现较大的错台而影响衬砌外观质量。

(4)混凝土浇筑时,泵送混凝土入仓自下而上,分层对称浇筑,防止偏压使模板变形。当混凝土浇筑达到第一个作业窗口位置时,间断开启辅助振动器,每次开启的时间不宜过长,控制在30s以内。

(5)在混凝土浇筑时,若出现台车位移控制传感器自动报警,应立即停止浇筑混凝土,检查台车中的丝杆是否拧紧,加固措施是否到位。

8 安全措施

(1)必须遵守《建筑安装工人安全技术操作规程》及《建筑机械使用安全技术规程》。

(2)无门架新型隧道模板台车动力电源电压为380V,电工须经过培训方可上岗,操作时需穿绝缘鞋。

(3)台车行走前必须认真检查车辆行走平台离地面的高度,防止平台与地面剐擦,拉坏台车。而且在行走前必须检查各操作平台上物品是否摆放稳妥,确保人、物安全。

(4)车辆行走平台下方支撑必须垫稳,不得临空,防止车辆行走导致平台架变形,牵连台车变形。

(5)由于台车受力部位为模板总成,应注意经常对模板台车模板进行清理,以便观察各个部位的变形状态。

(6)在车辆行走平台前方应做好警示标识。过往车辆通过车辆行走平台时,要减缓行车速度,谨慎操作,安全通过。

(7)不得从台车操作平台上向下抛投物品,防止砸坏车辆行走平台,影响行车。

9 环保措施

(1)无门架新型隧道模板台车在安装、拆卸过程中应注意润滑油、机油等对环境的污染。

(2)由于无门架新型隧道模板台车采用的都是重型钢材,材质较好,在使用过程中应注意保护,不要被碰撞损坏,以便重复利用。

(3)应随时保持台车的清洁,以便观察台车的运行状态。防止达到极限破坏,导致浪费。

(4)车辆行走平台下方必须支撑、垫设稳固,减少车辆通行产生噪声。

10 效益分析

(1)本工法能快速地进行施工,减少了循环作业时间,保证了施工步距,避免了因施工步距不达标而引起的掌子面停工,在保证安全的前提下,加快进度、节省人工、机械费,从而节约了成本。

(2)无门架新型隧道模板台车与旧式门架台车相比,净空面积增加了47%,减小了阻风率,通风更加顺畅,改善了洞内作业环境。

(3)无门架新型隧道模板台车移位、定位时间快,循环作业时间减少,缩短了工期,同时在施工安全、质量、进度、形象等方面取得了良好的效果,赢得了建设单位和社会各界的广泛好评。

11 应用实例

11.1 工程实例一

11.1.1 工程概况

新建云桂铁路云南段站前工程Ⅰ标富宁隧道位于云南省文山州富宁县境内,全长13625m,富宁隧道2号横洞及富宁隧道出口位于富宁县新华镇。由中铁隧道集团有限公司富宁隧道出口项目部承担施工任务。

富宁隧道出口施工里程为D4K349+014～D4K352+651,长3637m,其中Ⅲ级围岩1475m,Ⅳ级围岩1785m,Ⅴ级围岩368m,明洞9m。

11.1.2 工程施工情况

无门架新型隧道模板台车主要在出口段正洞采用。其施作里程为D4K352+169.7～D4K352+491,开始时间为2010年12月20日,共施工了27组(共321.3m),每组循环时间平均为16h,作业人员减少了4人。经检测,衬砌平整度均控制在2mm以内,相邻两组错台均控制在5mm以内,衬砌断面净空符合设计要求。其通风效果为:粉尘浓度10%以上游离二氧化硅小于$2mg/m^3$,较原门架式台车减少$6mg/m^3$。

无门架新型隧道模板台车的应用充分证明:台车就位速度快,相邻两组衬砌间的错台大大减小,衬砌表面光洁度高,循环作业时间缩短,提高了衬砌的施工能力,保证了隧道的施工步距,大大降低了安全隐患,提高了工程质量。

11.1.3 应用效果

(1)针对新建云桂铁路富宁隧道出口,采用无门架新型隧道模板台车施作二次衬砌施工,面对衬砌断面大,衬砌困难,无门架新型隧道模板台车经受住了严酷的考验。未出现过二次衬砌施工质量问题及模板台车安全事故。

(2)采用无门架新型隧道模板台车施工衬砌,与普通模板台车施工人员、机具设备相比,投入相对较少,提高了经济效益。

(3)采用无门架新型隧道模板台车施工,通风断面大,节约了掌子面通风、排烟时间,提高施工效率。

11.2 工程实例二

11.2.1 工程概况

新建云桂铁路云南段站前工程Ⅰ标富宁隧道位于云南省文山州富宁县境内,全长13625m。富宁隧道进口施工里程为 D4K339+026~D4K341+364,长2388m。

11.2.2 工程施工情况

无门架新型隧道衬砌模板台车在富宁隧道进口段正洞采用。其施作里程为 D4K339+026~D4K339+391.8,开始时间为2010年11月26日,共施工了衬砌31组(共365.8m),施工作业人员减少4人。经检测,衬砌平整度均控制在2mm以内,相邻两组错台均控制在5mm以内,衬砌断面净空符合设计要求。其通风效果为粉尘浓度10%以上游离二氧化硅小于 $2mg/m^3$,较原门架式台车减少 $6mg/m^3$。

11.2.3 应用效果

(1)针对新建云桂铁路富宁隧道进口,采用无门架新型隧道模板台车施作二次衬砌施工,面对衬砌断面大,衬砌困难,无门架新型隧道模板台车经受住了严酷的考验。未出现二次衬砌施工质量问题及模板台车安全事故。

(2)采用无门架新型隧道模板台车施工衬砌,与普通模板台车施工人员、机具设备相比,投入相对较少,提高了经济效益。

(3)采用无门架新型隧道模板台车施工,通风断面大,节约了掌子面通风、排烟时间,提高施工效率。

11.3 工程实例三

11.3.1 工程概况

新建贵广铁路同马山隧道起止里程 DK172+100~DK186+029,全长13929m,隧道内纵坡为人字坡。出口工区施工里程段 DK180+668~DK186+029,共5361m。

11.3.2 工程施工情况

2010年12月16日~2011年11月30日,同马山隧道出口采用无门架新型隧道衬砌模板台车施工,其施作里程为 DK184+814~DK186+029,共施工了103组隧道衬砌,共1215m。每组作业循环时间平均为17h,作业人员减少4人。经检测,衬砌平整度均控制在2mm以内,相邻两组错台均控制在5mm以内,衬砌断面净空符合设计要求。其通风效果检测:粉尘浓度10%以上游离二氧化硅小于 $2mg/m^3$,较原门架式台车减少 $6mg/m^3$。

11.3.3 应用效果

无门架新型隧道模板台车的应用充分证明:无门架新型隧道模板台车施工工艺简单,操作方便,定位速度快,改善了隧道通风。同时也实现了快速施工,减少了循环作业时间,文明环保,施工安全性提高,降低施工成本。

11.4 工程实例四

11.4.1 工程概况

新建南广铁路五指山隧道起于广东省云浮市都杨镇,经过思劳镇降坑村,止于肇庆市大湾镇禄岸村。起止里程 IDK352+048~IDK364+256,隧道全长 12208m。

11.4.2　工程施工情况

2009年9月27日~2011年11月30日,五指山隧道出口采用无门架新型隧道衬砌模板台车施工,其施工里程为 IDK362+848~IDK364+256,共施工了隧道衬砌120组,共1408m。每组作业人员相对减少4人。经检测,衬砌平整度均控制在2mm以内,相邻两组错台均控制在4mm以内,衬砌断面净空符合设计要求。其通风效果检测:粉尘浓度10%以上游离二氧化硅小于 $2mg/m^3$,较原门架式台车减少 $6mg/m^3$。

11.4.3　应用效果

(1)无门架新型隧道模板台车施工工艺简单,操作方便,定位速度快。

(2)采用无门架新型隧道模板台车施工衬砌,与普通模板台车施工人员、机具设备相比,投入相对较少,提高了经济效益。

(3)采用无门架新型隧道模板台车施工,通风断面大,大大改善隧道施工环境;隧道爆破后排烟时间减少,减少了隧道施工循环时间,提高了经济效益。

CRTS I 型板式无砟轨道轨道板铺设施工工法

1 前言

客运专线 CRTS I 型板式无砟轨道轨道板铺设施工在国内首次大规模推广,无砟轨道要求高平顺性、高稳定性和高舒适性,轨道板几何状态直接影响到后续轨道施工和客运专线的最终质量,因此,轨道板铺设在客运专线施工中显得尤为重要。

中国中铁四局集团有限公司(以下简称中铁四局)在客运专线施工中,组织科学技术攻关,经过不断总结和提高,形成了一套板式无砟轨道轨道板铺设方法,成功地运用于武广客运专线新广州站及相关工程施工中,取得了明显的社会效益和经济效益,经总结,形成本工法。施工过程中有三项发明获得国家发明专利:三向无级微调基准器(专利号 ZL 2008 2 0039266. 7);板式无砟轨道底座混凝土无级微调模板(专利号 ZL 2009 2 0299770. 5);轨道板运铺一体机(专利号 ZL 2009 2 0299771. X)。该工法组成的《CRTS I 型板式无砟轨道施工技术及关键设备研究》获中国铁路工程总公司科学技术三等奖。

2 工法特点

(1)采用在线间铺设轨道作为运输通道的方式,运输不受地形限制,施工组织灵活。
(2)采用轮轨式运输,设备施工能力大,可双线同时施工,铺设速度快。
(3)采用自行设计加工的基准器,利用 CPⅢ控制网测量,精度高。
(4)采用三角规及其配套设备施工,工艺可操作性强,质量容易控制。
(5)采用调整单块轨道板和区段整体控制轨道板状态相结合,轨道板平顺性容易控制。
(6)精调采用常规设备施工,操作方便,施工效率高,造价低,经济性好。

3 适用范围

本工法适用于客运专线 CRTS I 型板式无砟轨道轨道板铺设施工。

4 工艺原理

底座和凸形挡台施工完毕后,在左右线底座之间的基床面上铺设临时轨道,作为轨道板的运输通道,轨道板运输安装采用运铺一体机进行;同时,采用全站仪根据 CPⅢ控制网以"后方交会法"在凸台中部测设基准器,作为轨道板调整的测量基准,以三角规为测量工具,采用调板吊架对轨道板进行三向调整,调整时对每块轨道板的调整质量、所调区段与上次所调区段的平顺性进行控制和复核,使区段无砟轨道的整体平顺。

5 工艺流程及操作要点

5.1 施工工艺流程

轨道板铺设工艺流程如图1所示。

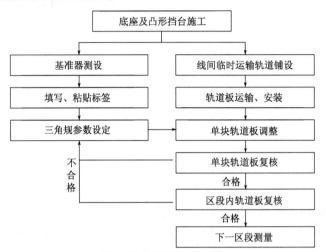

图1 轨道板铺设工艺流程

5.2 操作要点

5.2.1 线间临时运输轨道铺设

(1)线间临时运输轨道采用60kg/m工具轨,轨排长度为12.5m。钢支墩采用20号工字钢加工,其中长支墩同时作为轨距拉杆控制轨距,钢轨与支墩间采用橡胶垫片减震,钢轨接头处采用鱼尾夹板连接。临时运输轨道铺设位置与固定方式如图2所示。

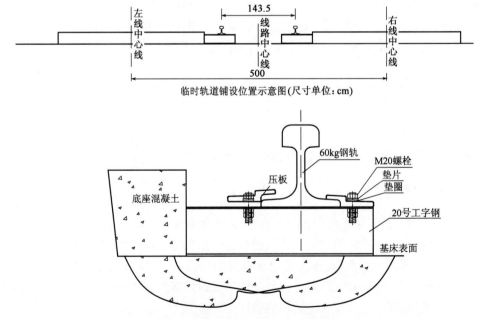

图2 运输轨道铺设位置与固定示意图

轨排结构设计如图3所示。

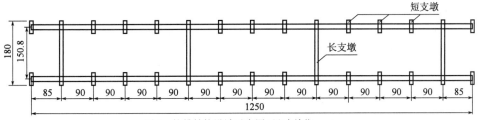

图3 轨排结构设计示意图(尺寸单位:cm)

(2)钢轨等轨料分段集中吊装上线,由牵引机车拖曳至铺设工作面,按设计要求的数量和间距,散布短支墩、长支墩、橡胶皮、螺栓和扣板。

(3)人工支垫钢轨,插入并方正钢支墩,采用加力扳手拧紧螺栓,通过扣板将工具轨固定在支墩上,调整轨距基本满足1435mm±4mm要求,安装鱼尾板。

(4)检查、拨顺轨道,局部基床面不平整时,采用钢板支垫在钢支墩下方找平。

5.2.2 轨道板运输、散布

(1)在存板基地内采用25t汽车吊将轨道板吊装至30t平板卡车上,倒运至轨道板临时提升站,装吊上线前应进行外观质量检查。轨道板运输时,轨道板和平板卡车底板,轨道板和轨道板之间用5cm×5cm×20cm的方木支垫。

(2)轨道板在提升吊装上线前,需根据所要铺设区间所需板型,在轨道板临时提升站提前进行配板,以方便装吊施工。

(3)轨道板采用25t汽车起重机提升上线安放在运板车组上。装车时,汽车起重机和运板托架的位置固定,每组托架装满后,运板车组移车对位,方便汽车吊吊装下一组轨道板。

(4)轨道板吊装时采用挂钩连接吊耳,并确保安全卡关闭,以止防发生意外。轨道板装吊至平板车上前,应采用插销将运板托架固定在平板车上,每组托架装满后,用扎带将轨道板与平板车捆扎牢固后方可移动运板车组。

(5)装车完毕后,轨道牵引车将运板车组推送至铺设工作面,行车过程中应加强瞭望,车速控制在5km/h内,通过交叉作业区段时,应提前鸣笛预警。

(6)轨道板安装前,清除底座上的杂物和积水,在对应工位的底座四个角上各放置5cm×5cm×20cm方木一块,作为轨道板的支撑点。

(7)运板车组就位后,放下随车吊支撑油腿,随车吊自托架上取板向左右线散布铺设,卷扬机将后续的托架拖拽至随车吊吊臂下方,以方便下次吊装,该段左右线轨道板铺设后,运板车组往前运动进入待铺段,轨道板安装及车体内部倒运作业顺序如图4所示。

5.2.3 基准器测设

(1)根据线路线型参数和轨道板配置设计,计算出各基准器准确里程和三维坐标,输入全站仪。

(2)基准器测设依据CPIII控制网采用后方交会法进行,每次设站后视4对CPIII控制点,设站时尽量靠近线路中线,设站精度为$\Delta E \leq 0.7$mm,$\Delta N \leq 0.7$mm,$\Delta H \leq 0.7$mm,每次设站与前次搭接3对CPIII控制点和2个基准器,如图5所示。

(3)采用全站仪粗测放样,精度控制在左右10mm、上下5mm以内,将凸形挡台上的预埋凹槽内打孔,采用膨胀螺栓将基准器安装固定,并将基准器顶部调整至略高于凸形挡台顶面,如图6所示。

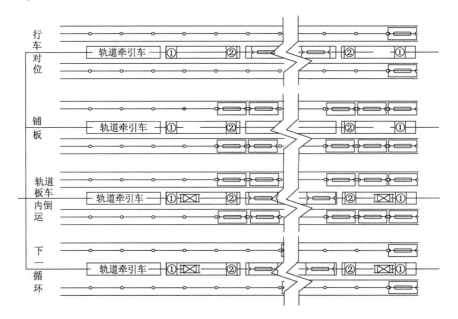

图4 轨道板安装及车内倒运作业示意图
①-卷扬机;②-随车吊

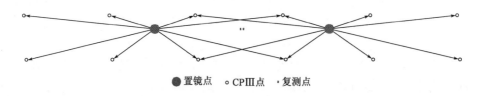

图5 设站方法

(4)根据CPⅢ控制网按照自由设站的方法进行平面测量,将基准器调整至设计位置,并利用螺栓临时固定。原位重新设站,复测平面位置,横向偏差不得超过1mm。按照实测的基准器坐标,反算实际里程,计算出其高程。

(5)采用电子水准仪按精密水准测量的要求,以2个相邻的CPⅢ点为水准控制点进行闭合水准测量,测定两者之间的基准器高程。

(6)采用砂浆将已经设定好的基准器封固,仅留出标志顶端,施工时应注意避免砂浆堵塞基准器顶部的小孔,如图7所示。

(7)填写基准器标签,粘贴在挡砟墙内侧或凸形挡台上,方便后续轨道板状态调整,标签样式如图8所示。

5.2.4 三角规参数设定

三角规参数包括坡度、基准器与轨道板顶面高差、超高三项内容,分别反映在游标标尺和超高设定器上,如图9所示。

图6 基准器安装

图7 基准器封固

图8 基准器标签样式

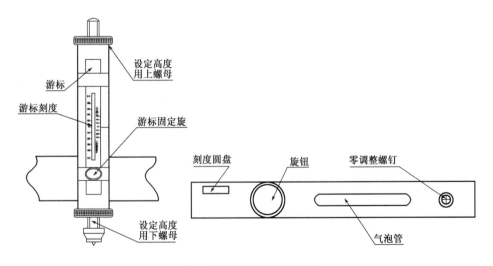

图9 游标标尺和超高设定器

(1)坡度设定

松开"游标固定旋",将右侧"游标标尺"相应的坡度值对正在右侧红色刻度线上,有尾数时应尽量对准;设定时应注意上下坡,以坡度为5‰为例,如图10所示。

此时,前端以0下方5度对准右边的刻度线;后端,以0上方5度对准右边的刻度线。设定完毕后,拧紧"游标固定旋",至下一坡度调整。

— 81 —

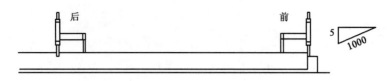

图 10　坡度设定方法

(2) 竖曲线范围内坡度补偿

在竖曲线范围内,两个(一套)三角规分别按照该三角规所放置基准器对应的纵坡值设定数值。

变坡点附近有竖曲线时,坡度始终为变化值,需要进行补偿,不同半径的竖曲线纵坡变化值计算方法为:

纵坡变化值 = 板长/曲线半径。

纵坡设定值 = 前一点纵坡值 ± 纵坡变化值。

比如:$R = 25000$ 时,纵坡变化值为 0.2‰;

　　　$R = 30000$ 时,纵坡变化值为 0.167‰。

(3) 基准器与轨道板顶面高差设定

松开"上下螺母",将"游标刻度"对正在左侧对应的高差上,轨道板顶面高于基准器时对正在"+"一端,反之为"-",每一个基准器均应根据实测的高差进行设定,如:当轨道板顶高低于基准器 30mm 时,旋转上下设定高度用螺母,把游标指向圆形凸台高度刻度板的 -30 的位置,调整完毕后固定"上下螺母"。

(4) 超高设定

曲线段轨道板调整时,应在"超高设定器"上设定超高,旋转"旋钮",使"刻度圆盘"上的读数与设计值一致,由于"超高设定器"不能为负,因此,放置三角规时应注意方向。

对于超高变化的缓和曲线区段,轨道板两端超高值不相等,规定两端均采用较小的超高值,使得轨道板在缓和曲线地段整体呈阶梯状,如图 11 所示。

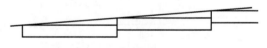

图 11　超高设定方法示意图

将设定好三角规短支腿上的锥体放入基准器顶部的凹槽,另两个支腿分别放在轨道板表面标识的钢轨中心线上,采用 0.3mm 尼龙悬线将两个三角规短支腿上的环连起来,以测量轨道板中心线偏差调整值。

5.2.5　轨道板调整

轨道板的调整,以基准器为基础,采用三向调板吊架、支撑螺栓、螺纹丝杆顶托等,调整轨道板的三维状态。

将支撑螺栓安装到轨道板侧面的支撑吊耳上,支撑吊耳与轨道板采用螺栓栓接。利用调板吊架缓慢吊起轨道板,除去板下临时支撑方木,如图 12 所示。

轨道板调整以偏差大小为顺序,即首先调整偏差较大的项目,最后调整偏差较小的项目,一般顺序为前后→左右→高低。

(1) 前后调整

利用调板吊架将轨道板吊起,测量轨道板与两端凸形挡台之间的间隙,拨动轨道板调整前

后(顺里程方向)位置,如图 13 所示,使得$|a-b|\leq 5mm$,并采用木楔临时固定。

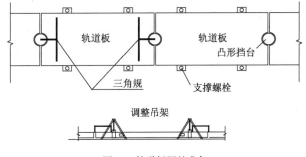

图 12　轨道板调整准备

(2)左右调整

测量两个三角规间连线(鱼线)与轨道板中心线间距,横向调节调板吊架上门式葫芦,调整轨道板左右(垂直里程方向)位置,如图 14 所示,使得$c\leq 2mm$,并采用木楔临时固定。

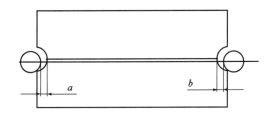 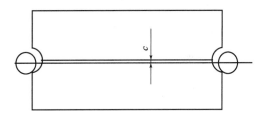

图 13　轨道板前后调整　　　　　图 14　轨道板横向调整

(3)高低调整

分别调节调板吊架上的 4 个葫芦,使得三角规上纵向、横向水准泡均居中,此时$|d|\leq 1mm$,如图 15 所示。

图 15　轨道板高低调整

各项目调整时,可能对其他参数产生一定的影响,因此,调整时应反复测量、调整,直至各项参数均满足精度要求。

(4)复测

轨道板状态调整完毕后,采用三角规进行复核测量,并对相邻轨道板进行关联性检查,确保轨道板的整体平顺性。

(5)曲线段平面位置

曲线地段轨道板调整方法与直线段基本相同,但须将轨道板向曲线外侧移动正矢的 1/2,如图 16 所示。

(6)轨道板临时固定

轨道板前后、左右位置和高低均调节到位后,将支撑螺栓调节至恰好受力状态(不得改变轨道板状态,过程中应采用三角规监控),在凸形挡台与轨道板之间打入木楔,固定轨道板,如图 17 所示。

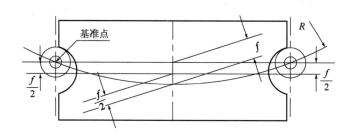

图 16 曲线地段轨道板调整图

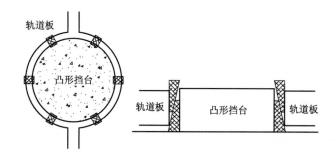

图 17 轨道板临时固定方法

5.3 劳动力组织

轨道板铺设单工作面劳动力配置如表 1 所示。

单工作面劳动力配置表　　　　表1

序 号	工作内容	工 种	数量(人)	备 注
1	线间轨道铺设	施工员	1	
2		线路工	2	技术指导
3		装吊工	1	持证上岗
4		司机	2	
5		普工	12	
6	基准器测设	技术员	4	
7		测工	5	
8		普工	2	基准器封固
9	轨道板铺设	施工员	2	安装1名
10		技术员	3	安装1名
11		装吊工	2	持证上岗
12		司机	4	
13		轨道车司机	1	持证上岗
14		测工	2	
15		普工	10	

6 材料设备

本工法无须特别说明的材料,单工作面所需的机具设备见表2。

单工作面仪器设备配置　　　　　表2

序号	设备名称	规格型号	单位	数量	备注
1	装载机	ZLM30	台	1	
2	平板卡车	30t	台	3	
3	汽车式起重机	25t	台	2	
4	运铺一体机	自制	套	1	
5	全站仪	TCP1201+	台	1	配8个棱镜
6	电子水准仪	DINI12	台	1	
7	冲击钻		台	1	
8	调板吊架	自制	套	2	
9	三角规	KS584S	套	2	
10	支撑螺栓	自制	个	1000	
11	支撑吊耳	自制	个	1000	

7 质量控制

7.1 质量控制标准

(1)本工法执行现有客运专线铁路施工技术规范和质量验收评定标准。

《客运专线铁路CRTS Ⅰ型板式无砟轨道混凝土轨道板暂行技术条例》(文号:科技基〔2008〕74号)

(2)轨道板装车时,中线与汽车中线对齐,所有轨道板中线和边缘均对齐,相互横向偏差不得大于25mm。

(3)为保持行车稳定、安全,线间运输轨道铺设需满足精度要求,如表3所示。

线间运输轨道精度要求　　　　　表3

项目	允许偏差(mm)	备注
轨向	±5	
高低	±5	
轨距	±3	
左右	±3	

(4)轨道板铺设精度要求如表4所示。

轨道板铺设精度要求　　　　　　　　　　表4

项　目	允许偏差(mm)	备　注
中线位置	2	距离轨道板中心线
支撑点处承轨面高程	±1	
与两端凸形挡台间隙之差	5	距离轨道板设计位置

7.2 质量保证措施

(1)轨道板安装时,两端应有专人防护,避免轨道板与凸形挡台磕碰。

(2)三角规应定期在标准检测台上进行检测,确保其精确性。

(3)放置三角规时,应确保三角规的短支腿锥部落入基准器顶端的小坑内,避免造成轨道板左右发生偏差。

(4)轨道板调整过程中,尽量采用吊架移动轨道板,不得已须撬动轨道板时,应采用厚木板或方形钢板进行防护,避免损坏轨道板。

(5)轨道板调整时,应注意保护预埋孔上的防护胶布,避免杂物落入预埋螺纹套管内。

(6)轨道板状态调整完毕后,应将板下支垫的方木块取出周转使用。

(7)轨道板调整完毕后,不得将重物放置在轨道板上,严禁踩踏,防止轨道板状态发生变化。

8　安全措施

(1)认真贯彻"安全第一,预防为主"的方针,根据国家有关规定、条例,结合施工单位实际情况和工程的具体特点,组成专职安全员和班组兼职安全员以及工地安全用电负责人参加的安全生产管理网络,执行安全生产责任制,明确各级人员的职责,做好工程的安全生产工作。

(2)施工现场按符合防风、防雷、防触电等安全规定及安全施工要求进行布置,并完善布置各种安全标识。

(3)起重机、卡车、牵引机车、卷扬机等作业人员应持证上岗,所有作业人员均需佩戴好劳保用品,如安全帽、钢头鞋等。

(4)起重机臂下严禁站人,风力5级以上停止吊装。

(5)牵引车运行速度严格控制在5km/h之内,定期检查钢轨与机车,防止意外发生。

(6)作业使用手拉葫芦吊起轨道板应注意相互协调,要将轨道板托紧,预防轨道板倾斜滑落意外伤人。

9　环保措施

(1)成立对应的施工环境卫生管理机构,在工程施工过程中严格遵守国家和地方政府印发的有关环境保护的法律、法规和规章,加强对施工燃油、工程材料、设备、废水、生产生活垃圾、弃渣的控制和治理,遵守有关防火及废弃物处理的规章制度,做好交通环境疏导,充分满足便民要求,认真接受城市交通管理,随时接受相关单位的监督检查。

(2)将施工场地和作业限制在工程建设允许的范围内,合理布置、规范围挡,做到标牌清楚、齐全,各种标识醒目,施工场地整洁文明。

(3)对施工场地道路进行硬化,并在晴天经常对施工通行道路进行洒水,防止尘土飞扬,污染周围环境。

10　效益分析

(1)经济效益方面。采用本工法进行轨道板调整时,使用器械(除三角规外)均可以自行制造,节省了机械费;线间轨道法适应性强,轨道板运输、安装、调整等工序衔接紧凑,节约措施投入,以武汉工程试验段经验为例,传统方法调板 40 块/d,用本工法调板进度可达到 60 块/d,加快了施工速度,缩短了工期,节省了开支;采用三角规调整保证了轨道板的单块空间位置,采用区段整体复核,同时也保证了轨道板的整体平顺性,使轨道板线形良好,极大地降低了后期轨道状态调整费用。

(2)社会效益方面。采用本工法进行轨道板调整,可以明显改善轨道板调整的矢量,使轨道板整体平顺,大大降低了轨道调整时实测线形与设计线形拟合的难度,减少了轨道状态调整和联调联试的时间,确保了总体工期。

11　应用实例

该工法先后在武广客运专线新广州站及相关工程试验段(DK2170+800～DK2178+180)、ZQ-1 标(DK2178+180～DK2190+384)、ZQ-2 标(DK2197+543～DK2207+039)板式无砟轨道轨道板铺设施工中成功运用,三区段铺设轨道板总数为 11926 块,调整总长度为 29.332 双线公里。

轨道板调整于 2009 年 5 月正式开始,2009 年 9 月完成,其间并进行 CA 砂浆灌注,基本达到后序施工和精度要求,完成轨道板调整任务。

该工法在武广客运专线新广州站及相关工程板式无砟轨道的应用结果表明:该工法快速、有效,依据 CPⅢ测量基准器,并且采用三角规调整保证了轨道板的单块空间位置,采用区段整体复核,在保证单块轨道板绝对空间位置时,确保了轨道板整体平顺性,缩短了轨道板状态调整工期,取得良好的社会效益和经济效益。

CRTS I 型双块式无砟轨道施工工法

1 前言

CRTS I 型双块式无砟轨道是我国高速铁路无砟轨道的主要结构形式,具有铺设精度高、造价低、经久耐用等特点。该种无砟轨道结构在国内全面推广之初,其施工铺设技术尚属国内空白,是我国铁路无砟轨道技术再创新攻关工作的重要内容之一。

中国中铁八局集团有限公司(以下简称中铁八局)自2004年承建我国首条无砟轨道综合试验段(遂渝线无砟轨道综合试验段)起,就开展了双块式无砟轨道施工技术的自主创新工作;2005年1月承建我国首条时速350km高速铁路——武广(武汉至广州)客运专线武汉综合试验段工程后,承担了铁道部无砟轨道技术研究的相关研究课题,开展双块式无砟轨道施工技术研究和成套设备研制等一系列科研工作,取得多项研究成果。2009年5月,"武广客专武汉综合试验段无砟轨道施工技术研究"科研成果通过了四川省科技厅组织的成果鉴定,技术达到国际先进水平。

本工法根据研究成果提炼总结而成,并成功应用于武汉工程试验段项目,首次在国内实现了双块式无砟轨道成区段试验铺设(双线14.765km)。同时,本工法关键技术已获得多项专利授权,并在武广客运专线全线建设中得到推广应用;工法配套研制的专用设备也被其他企业采购并在武广客运专线使用,铺设双块式无砟轨道400余公里。

与本工法相关的三项科研成果获奖情况分别是:"遂渝线无砟轨道综合试验段关键技术与应用"荣获2010年度国家科技进步一等奖;"武广客专武汉综合试验段无砟轨道施工技术研究"获得2009年度中国施工企业管理协会科学技术奖技术创新成果特等奖;"CRTS I 型双块式无砟道床施工技术及设备配套研究"获得2009年度中国铁路工程总公司科学技术一等奖。

2 工法特点

2.1 轨道测量精度高

建立轨道控制网(CPⅢ控制网)并以此为基准进行施工控制测量和轨道安装测量;配套使用全站仪、轨道几何状态测量仪、球形棱镜等专用测量仪器作业;测量双块式无砟轨道结构空间位置并自动输出调整参数。和传统轨道测量方法相比,轨道测量精度明显提高、无砟轨道静态和动态精度满足高速铁路规定。

2.2 轨道粗调和精调工艺可靠、效率高

采用轨排粗调机组或链条式千斤顶可完成不同施工条件下的双块式轨排粗调作业、粗调定位精度为±3mm。采用轨排支撑架和横向调节锚具(路基或隧道地段)或拉杆(桥梁地段)完成双块式轨排精调作业,并使轨排可靠固定。粗调和精调工艺效率高、可达到200m/d(单线)的综合施工效率。

2.3 施工安全、质量可靠、没有污染

对测量放样、轨排精调、混凝土浇筑等关键工序进行工序检验,实施质量过程控制;采用轨排支撑调整及固定以及混凝土裂纹控制等关键工艺技术措施,实现无砟轨道铺设质量的可靠控制。同时关键工序采用专用设备以使施工安全得以保障。

2.4 关键工序施工机械化程度高

配套采用国内首次研制的双块式无砟轨道施工关键设备:散枕器、粗调机组和轨道几何状态测量仪。能完成双块式无砟轨道精确布枕、粗调、精测及精调等关键工序作业,施工机械化程度高且满足无砟轨道施工精度要求,实现双块式无砟轨道铺设的机械化施工。

3 适用范围

本工法适用于新建高速铁路、客运专线、城市轨道交通双块式无砟轨道的施工。

4 工艺原理

本工法按照"轨排支撑架法"完成双块式无砟轨道施工。即以轨道控制网为测量基准,首先采用门式起重机和散枕器组合作业进行精确布枕和双块式轨排组装;再采用轨排粗调机组或链条式千斤顶对双块式轨排进行三维粗调定位,轨排空间位置符合规定后,采用轨排支撑架(即螺杆支撑架)支撑固定双块式轨排;再使用全站仪、轨道几何状态测量仪等专用测量仪器测定双块式无砟轨道空间位置并自动输出调整参数,根据调整参数,使用轨排支撑架等调整装置将轨排空间位置精确调整到位;最后现场浇筑道床板混凝土,养护完成后形成双块式无砟轨道。

5 施工工艺流程及操作要点

5.1 施工工艺流程图

施工工艺流程图见图1。

5.2 操作要点

5.2.1 施工准备

双块式无砟轨道施工前,对路基、桥梁、隧道等线下工程结构物进行质量验收;同时进行线下工程沉降评估,确认满足无砟轨道铺设条件后,展开施工。

5.2.2 施工测量

(1)施工控制测量

无砟轨道施工前,建立轨道控制网(CPⅢ网)。首先安装CPⅢ控制网标志,然后对CPⅢ控制网进行平面和高程的测量,CPⅢ平面高程控制网采用严密平差,数据处理采用软件应通过鉴定。

(2)支承层和底座施工测量

双块式无砟轨道路基支承层与桥上底座测量应以CPⅢ控制点为测量基准进行。通过CPⅢ控制网测设支承层中线和高程控制桩,摊铺施工时设置两侧引导线;测设桥上底座中线和凹槽中心位置、高程控制桩,并测放出模板安装控制边线。

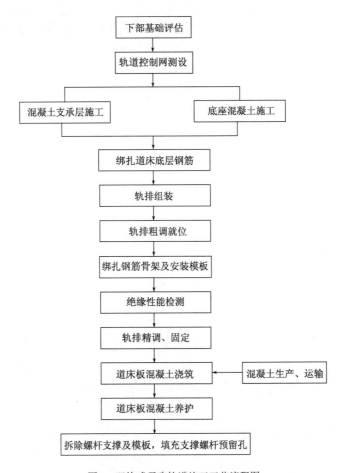

图 1 双块式无砟轨道施工工艺流程图

(3) 轨排粗调测量

轨排粗调前应测设加密基桩,粗调机测量轨排空间位置时,全站仪以 CPⅢ 控制点为基准采用自由设站法置镜;再自动搜索、测量每个粗调机顶部的棱镜,计算生成待粗调轨排实测空间坐标;实测值与理论值比对生成粗调机调整指令。

(4) 轨排精调测量

轨排精调以 CPⅢ 控制点为测量基准点,采用全站仪和轨道几何状态测量仪配合完成。全站仪以 CPⅢ 控制点为基准,优先选用待精调段轨排两侧的至少 4 对 CPⅢ 控制点进行自由设站置镜;轨道几何状态测量仪按设定步距测量待精调轨排空间坐标;与全站仪进行数据交换,实测值与理论值比对生成精确调整参数。

5.2.3 路基支承层施工

(1) 施工准备

路基支承层施工一般采用滑模摊铺机摊铺,特殊条件下也可采用模筑法浇筑。摊铺施工前,应在试验室根据相关标准和技术条件选定理论配合比;并通过现场工艺试验验证支承层各项指标要求、外观质量及与摊铺机工作性能的匹配情况。根据试验结果,调整配合比。

(2) 摊铺

首先以CPⅢ控制点为基准测设引导线拉杆的位置,拉杆距线路中线2.9m;拉杆定位后挂引导线,使引导线高出设计路基面0.5cm。最后引导线两端用紧线器张紧固定。每段引导线安装长度不宜大于500m,便于质量控制及卸料作业。

卸料前对路基面进行洒水湿润,自卸汽车将支承层混合料运输到现场,并沿引导线的中部倒退至摊铺机进料端口前,开始卸料,卸料长度不宜超过10m。自卸车卸料完毕退出后,挖掘机开始在摊铺宽度范围内均匀布料。最高料位不得高于摊铺机控制板顶面的正常高度,布料应与摊铺速度相协调。

纵向布料长度超过5m后,启动摊铺机开始摊铺。起步时,将摊铺机行走速度控制在1m/min内,捣固棒振动频率控制在11000Hz。

(3) 整修

路基支承层摊铺后,人工对支承层边缘进行收光抹面。检查支承层质量:观察支承层是否发生离析,复核支承层顶面高程,如果超过偏差范围,应立即返工处理。

支承层摊铺完成12h内,按纵向5m间距切割出一道横向缝。缝深为支承层混凝土厚度的1/3。在切缝工作完成后,在支承层表面洒水并覆盖塑料薄膜养护5天。

混凝土初凝前,应按设计要求对表面道床板范围内进行拉毛处理。

养护结束后,每隔500m用灌砂法测定支承层混合料的密实度。

5.2.4 桥上底座和隔离层施工

(1) 桥上混凝土底座施工

底座钢筋集中加工制作,人工搬运到铺设位置。钢筋绑扎完成后,在钢筋网下垫放混凝土垫块,控制保护层厚度。桥面凹槽钢筋与保护层钢筋绑扎一起施工,并将预埋套筒植筋或预埋钢筋安装连接牢固。

钢筋骨架绑扎完成后,安装底座模板及抗剪凹槽模板,模板支立位置应以CPⅢ控制点为基准放样控制。

底座混凝土泵送入模浇筑,用振捣棒捣实。浇筑完毕抹平压光。

(2) 隔离层铺设

底座混凝土强度达到设计强度的70%后,铺设隔离层和弹性缓冲垫板。隔离层和弹性缓冲垫板铺贴前应清理底座和凹槽表面。隔离层铺设时应平整无褶皱,无破损,接缝采用胶带粘贴对接,不可重叠。在底座边缘处,用胶带将隔离层固定。

将弹性缓冲垫板粘贴于凹槽的侧面,使其与凹槽周边的混凝土密贴,不得有鼓泡、脱离现象。

5.2.5 轨排组装

(1) 精确布枕

轨排组装前,按10m间距测设线路中线和模板安装线。散枕作业采用轮胎式变跨门式起重机与散枕器配合施工。门式起重机与散枕器组合后抓取轨枕、自动准确调整好轨枕间距,对准线路中线下降放枕,随时注意利用模板安装线控制轨枕横向位置,最后人工检查调整轨枕间距。

(2)组装轨排

轨枕位置调整完毕后,在铺设钢轨前,清除承轨台上的杂物,在承轨台上安放铁垫板、绝缘缓冲垫板;然后人工配合门式起重机将工具轨安放到承轨槽内绝缘缓冲垫板上。方正两股钢轨端头,在钢轨上画标识线标出轨枕中心线位置,用方尺方正轨枕位置。用螺栓松紧机(或定扭矩扳手)紧固扣件。轨排组装完毕,检查确认组装质量符合规定。

5.2.6 轨排粗调

(1)粗调机整备

轨排粗调采用粗调机组完成。粗调机作业条件不利时,也可采用多台链条式千斤顶同步完成。每套粗调机组的调整机构数量根据轨排长度配置,一般25m长轨排配置5台,12.5m长轨排配置3台。粗调机组首次上道,可利用跨线门式起重机将发电牵引车和调整机构分别吊放在待调整轨排上,再连挂运行。其中发电牵引车置于机组前端,首段轨排调整完毕后由发电车牵引机组进入下一段待调整轨排。

(2)粗调轨排

粗调机组进入工位后,两侧门式起重机支腿直接落地,承担全部载荷。通过夹钳自动对位夹持、向上托起钢轨。全站仪测量轨道位置后生成粗调机调整指令,传输给粗调机;粗调机自动实现轨排的提升、横移、偏转调整,直到满足标准要求。最后每隔3个轨枕在钢轨上对称安装螺杆支撑架,再旋紧螺杆使其支撑固定轨排。粗调机退出运行至下一调整工位。

(3)轨排固定

每个螺杆支撑架处安装侧向拉杆,路基地段拉杆与植入支承层内的地锚连接,桥面拉杆则固定到防撞墙上,实现轨排位置固定。

5.2.7 轨排精调

(1)精调测量

施工前根据设计资料将轨道线形参数输入轨道几何状态测量仪系统软件及全站仪中。全站仪以至少4对CPⅢ控制点自由设站后,用轨道几何状态测量仪检测轨排空间位置,再根据检测结果自动生成调整参数。

(2)精调轨排

根据调整参数,通过螺杆支撑架和侧向拉杆精调轨排:竖向螺杆调整轨排高低与水平;侧向拉杆调整轨向。精调测量和调整作业反复循环进行,完成一次调整后,再次测量轨道几何形位,重复调整直至符合规定。

轨排精调应在所有工序完成后进行,减少和避免外因对无砟轨道质量的影响。应在精调后2h内开始浇筑混凝土,超过2h或气温变化超过15℃时应重新精调。

5.2.8 道床板混凝土施工

(1)钢筋绑扎及模板安装

按图纸要求进行道床板钢筋绑扎,在绑扎道床板钢筋的过程中,在钢筋的接点位置处安装绝缘夹。钢筋绑扎采用塑料绑扎丝带。并做好绝缘与接地处理措施。

模板支立位置应以CPⅢ控制点为基准放样控制。道床板模板采用钢模,由纵向、横向模板拼接而成,通过螺栓连接紧固。模板在支立过程中,通过拉线控制模板的平直度。模板通过专用三角架来固定。

模板拆除之后及时清洗,可采用跨线门式起重机拆装倒运。

(2)混凝土生产和运输

混凝土配合比设计符合强度要求以及《铁路混凝土工程施工质量验收标准》等规范的规定。在选定的配合比基础上进行混凝土拌和物性能试验,根据试验结果控制混凝土外加剂的工地掺量。测定砂石料含水率,确定施工配合比。

混凝土在拌和站集中生产,拌和站应配备自动计量装置、粗细集料妥善堆放,以保证混凝土生产质量。

混凝土采用搅拌罐车运输,到达现场后应测试混凝土坍落度。使坍落度控制在 100～140mm 范围内,宜大于120mm,避免混凝土浇筑过程中出现堵管的情况。

(3)混凝土浇筑

混凝土浇筑前将模板内杂物清洗干净,待浇筑区域及轨枕应洒水湿润,并用塑料布将扣件和钢轨包裹,防止在浇筑混凝土的过程中被污染。

混凝土泵送入模。向一个方向进行浇筑。当第一个轨枕空隙布满混凝土后,启动插入式振捣棒,让混凝土自然流动,填满轨枕下的空隙,以保证密实。当混凝土浇筑高度高于轨枕底部时,向前变换浇筑位置。混凝土振捣完成后,移开覆盖物,及时清洗轨枕扣件和钢轨浆液。

道床板顶面混凝土分三次进行人工抹面与压光。抹面完成后,及时清刷钢轨、轨枕和扣件,防止污染。当混凝土初凝时,松开调整螺杆和扣件螺栓,消除钢轨温度应力对道床板混凝土的影响。

道床板用湿棉布覆盖进行养护,养护时间不少于7天。

混凝土终凝后,对浇筑混凝土后的轨排几何尺寸进行竣工测量。根据测量结果确认道床板混凝土在浇筑过程中是否发生变形。如果出现,分析原因,改进施工工艺。

竣工测量完成后,拆除工具轨,倒运到下一施工段使用。

5.3 劳动组织

主要劳动力配置见表1。

主要劳动力配置   表1

序 号	工 种 名 称	数量(人)	备 注
1	测量工程师	3	
2	土木工程师	1	
3	测工	2	
4	模板工	5	
5	试验工	1	
6	摊铺机操作手	1	混凝土支承层摊铺施工
7	自卸车司机	4	
8	混凝土泵操作手	1	
9	线路工	5	
10	粗调机操作手	4	
11	门式起重机司机	2	
12	轨枕运输车司机	4	
13	混凝土工/普工	20	

6 材料与设备

材料与设备见表2、表3。

主要施工材料 表2

序 号	材料名称	规 格	备 注
1	钢筋	HRB335	
2	混凝土	C40	
3	水硬性混合料		混凝土支承层摊铺施工
4	土工布		桥梁底座隔离层使用
5	橡胶板		桥梁底座凹槽弹性垫层使用
6	绝缘绑扎线		
7	双块式轨枕	CRTS I 型	
8	扣件		
9	钢轨	60kg/m	工具轨

主要施工设备 表3

序 号	设备名称	型号/性能	备 注
1	滑膜摊铺机		
2	自卸车	10t	
3	混凝土搅拌运输车	8m³	
4	混凝土泵车		
5	拖式混凝土输送泵		
6	轮胎式门式起重机	MH6 系列	
7	散枕器	BZ1500/5 型	
8	轨排粗调机	GPT50 型	
9	链条式千斤顶	20t	
10	轨排支撑架		
11	全站仪	LEICA TCA 2003	
12	轨道几何状态测量仪	EGS–1123 型	

7 质量控制

7.1 工程质量标准

（1）双块式无砟轨道施工质量主要执行《高速铁路轨道工程施工质量验收标准》《高速铁路轨道工程施工技术指南》等。

（2）混凝土施工质量主要执行《铁路混凝土工程施工质量验收标准》等。

7.2 关键工序质量要求

7.2.1 路基支承层施工

(1)摊铺机施工时,支承层材料采用水硬性混合料;立模浇筑施工时支承层材料采用低塑性混凝土,支承层材料的性能应符合《客运专线铁路无砟轨道支承层暂行技术条件》(科技基〔2008〕74号)的规定。

(2)支承层模板安装允许偏差和检验方法应符合表4的规定。

模板安装允许偏差和检验方法　　　　表4

序号	检查项目	允许偏差(mm)	检验方法
1	中线位置	10	全站仪
2	顶面高程	+2 -5	水准仪
3	内侧宽度	+10 0	尺量

(3)支承层外形尺寸允许偏差和检验方法应符合表5的规定。

支承层外形尺寸允许偏差及检验方法　　　　表5

序号	检查项目	允许偏差(mm)	检验方法
1	厚度	±20	尺测
2	中线位置	10	全站仪
3	宽度	+15 0	尺测
4	顶面高程	+5 -15	水准仪
5	平整度	10	3m直尺

7.2.2 桥上底座施工

(1)桥梁工程验收及沉降评估完成后,复测梁面高程,对存在问题地段按设计要求处理。对梁面进行清洗、修补、找平处理。

(2)在施工前,完成底座的测量放线工作。通过CPⅢ控制网测设底座中线和凹槽中心位置、高程控制桩,并测放出模板安装控制边线。

(3)根据底座中线安装底座模板,根据凹槽中心放样点安装模板。模板采用槽钢。所有钢筋固定、限位凹槽定位复核完成后,将待浇筑区桥面清理干净。底座模板安装允许偏差应符合表6的规定。

(4)底座混凝土达到设计强度的70%后进行凹槽混凝土浇筑。浇筑时要严格控制凹槽高程及与线路垂直度。底座外形尺寸允许偏差应符合表7的规定。

底座模板安装允许偏差 表6

序号	项 目	允许偏差(mm)	备 注
1	顶面高程	±5	均为模板内侧面的允许偏差
2	宽度	±5	
3	中线位置	2	
4	伸缩缝位置	5	
5	凹槽(凸台)位置及长、宽、高程	±3	

底座外形尺寸允许偏差 表7

序号	项 目		允许偏差值(mm)
1	底座	顶面高程	±10
		宽度	±10
		中线位置	3
		平整度	10/3m
2	凹槽（凸台）	中线位置	3
		两凹槽(凸台)中心间距	±3
		横向宽度	±5
		纵向宽度	±5

(5)隔离层材料的尺寸应符合设计要求,橡胶板根据凹槽尺寸加工。凹槽混凝土达到设计强度的70%以上后进行凹槽弹性垫层作业。隔离层的基底应平整清洁、干燥。土工布铺设应平整无褶皱,无破损,接缝采用对接,不可重叠。橡胶板与凹槽侧面应粘贴牢固,搭接处及周边无翘起、空鼓、皱折、脱层或封口不严等缺陷。

7.2.3 轨排组装

(1)无砟轨道施工所使用的工具轨应采用与正线轨型号相同的钢轨,无变形、损伤、毛刺等。工具轨在使用前对钢轨状态进行检查,不符合轨道线型设计标准的应更换或校正。

(2)门式起重机与散枕器将轨枕送往铺设地点,移动至线路中心线上,并由地面人员对准线路中心线,保证轨枕下落到位。

(3)铺设钢轨前,检查确认轨枕承轨台上无异物后,在承轨台上安放扣件垫板、再用门式起重机将钢轨吊放到位。

(4)轨排组装标准应符合表8的规定。

轨排组装验收标准 表8

序 号	检查项目	检验标准
1	轨缝	8～15 mm
2	螺栓拧紧扭矩	120～180N·m
3	轨距	±1mm
4	钢轨底与托板缝隙	密贴
5	螺杆调节器托板	两侧对称、设在两轨枕中间位置

7.2.4 轨排粗调

(1)根据轨排的长度不同,选择调整机数量,25m 长轨排由五台调整机构成一个机组,12.5m长轨排由三台调整机构成一个机组。

(2)粗调机走行到位后,注意通过夹钳自动对位夹持,向上托起钢轨。

(3)粗调机测量系统与全站仪进行测量数据交换后,测量数据与理论值比对生成粗调机调整指令,经操作人员确认后执行。

(4)粗调机可自动实现轨排的调整,直到满足以下标准要求:轨道方向、高程、超高的调整精度均达到 ±3mm。

7.2.5 轨排精调

(1)轨排精调测量采用轨道几何状态测量仪。

(2)全站仪在现场采用自由设站法。改变测站位置后,应至少交叉观测后方利用过的 4 个控制点,并复测至少一组已完成精调的轨排,如偏差大于 2mm 时,应重新设站。

(3)轨排精调测量,全站仪进入下一区段设站时,应选用上一区间精调所用的 4 个 CPⅢ 控制点,以保证轨道线形的平顺性。

(4)轨排精调允许偏差应符合表 9 规定。

轨排精调允许偏差 表 9

序号	项 目	容 许 偏 差		备 注
1	轨距	±1mm		相对于标准轨距 1435mm
		变化率	1/1500	测量基长 3m
2	轨向	2mm		弦长 10m
		2mm / 测点间距 8a(m)		弦长 48a(m)
3	高低	2mm		弦长 10m
		2mm / 测点间距 8a(m)		弦长 48a(m)
4	水平	1mm		不包含曲线、缓和曲线上的超高值
5	扭曲(基长 3m)	2mm		包含缓和曲线上由于超高顺坡所造成的扭曲量

注:表中 a 为扣件节点间距,m。

(5)轨排精确调整固定后,轨面高程、轨道中线、线间距允许偏差及检验方法应符合表10规定。

轨面高程、轨道中线、线间距允许偏差及检验方法 表 10

序 号	项 目		允许偏差(mm)	检 验 方 法
1	轨面高程	一般情况	±2	专用测量仪器
		仅靠站台	+2 / 0	
2	轨道中线		2	
3	线间距		+5 / 0	

(6)精调合格后,对线路进行保护,禁止轨排上进行任何作业或行人行走。

7.2.6 道床板混凝土施工

(1)当设计要求钢筋骨架采取绝缘处理时,按设计要求对纵向钢筋与横向钢筋交叉点应采取绝缘处理措施,最后用兆欧表对道床板钢筋进行绝缘性能测试,相互间电阻应符合设计要求。钢筋的绑扎安装允许偏差应符合表11的规定。

钢筋的绑扎安装允许偏差　　　　　　　　　　　　表11

序号	项目		允许偏差(mm)
1	钢筋间距		±20
2	钢筋保护层厚度 c	$c \geq 35mm$	+10 −5
		$25mm < c < 35mm$	+5 −2

(2)安装模板前,通过CPⅢ控制网测设道床板中线位置、高程控制桩,并测放出模板安装控制边线。模板安装允许偏差应符合表12的规定。

道床板模板安装允许偏差　　　　　　　　　　　　表12

序号	项目	允许偏差(mm)	备注
1	顶面高程	±5	均为模板内侧面的允许偏差
2	宽度	±5	
3	中线位置	2	

(3)混凝土搅拌前,应测定砂石集料含水率,调整确定施工配合比。混凝土采用罐车运输到现场后,对混凝土的坍落度进行测试。

(4)混凝土采用泵送入模后,使用振捣棒进行振捣。注意控制振捣时间,避免造成混凝土离析。表层混凝土振捣完成后,及时修整、抹平混凝土裸露面。

(5)混凝土道床板外形尺寸允许偏差应符合表13的规定。

混凝土道床板外形尺寸允许偏差　　　　　　　　　　　表13

序号	检查项目	允许偏差(mm)
1	顶面宽度	±10
2	中线位置	2
3	道床板顶面与承轨台面相对高差	±5
4	伸缩缝位置	±5
5	平整度	2(1m尺量)

8 安全措施

8.1 执行标准

严格贯彻执行《职业健康安全管理体系标准》(GB/T 28001—2001)与《铁路工程施工技术安全规程》等国家、行业、地方、企业等法律法规和标准规范。

8.2 安全控制体系

(1)建立安全领导小组和安全生产管理网络,建立和落实各级安全生产责任制度。

(2)建立各项安全生产规章制度和安全操作规程,建立相应的内部考核制度,积极落实安全生产检查制度和事故整改制度。

(3)对施工全过程进行安全监控,及时发现和消除安全隐患,防止各类安全事故的发生。

(4)在开工初期辨识评价危险源,评价重大危险源并制定管理方案,实施有效控制。对易发的安全事件制定应急预案并实施演练。

8.3 施工人员人身安全保证措施

(1)所有人员应进行安全教育,避免各类事故发生。

(2)所有进入施工现场的人员必须戴安全帽,并按规定佩戴劳动保护用品,或安全带等安全工具。

(3)混凝土浇筑人员及振捣器操作人员配备保护听力的装置,如耳塞。

8.4 施工场地安全保证措施

(1)在施工现场周围架立安全标志牌,设置大幅安全宣传标语。

(2)施工现场的布置应符合防火、防爆、防雷电等安全规定和文明施工的要求。

(3)夜间工作时,应在工地安装照明设施。

8.5 施工人员作业安全技术控制措施

(1)路基支承层摊铺施工时,摊铺机作业过程中,辅助布料人员应采取安全防护措施,防止摊铺机挤压板刮碰、挤压伤害。

(2)铺枕作业施工场地内的轨枕堆码整齐,上下同位,基底稳固,不超高。吊车吊枕时,缓慢起动和制动,严禁突然起动和制动,防止碰伤轨枕。施工人员应站在起重臂作业范围以外,并不得在吊装作业过程中穿越作业半径。

(3)钢筋、模板等建筑材料吊装作业时,按照吊装安全操作规程执行。人员应处于安全区域,特别是不允许处于起吊物资的下部区域。

(4)轨排组装、调整时,操作人员应严格执行轨道工程安全作业的相关规定操作、防止碰伤、挤压伤。

(5)营业线施工期间,施工人员严格执行营业线施工和电气化铁路安全作业的相关规定、防止施工材料机具侵入限界。

8.6 施工机械作业安全控制措施

(1)各种机械操作人员和车辆驾驶员,必须取得有效操作资格证,持证上岗;对机械操作人员要建立档案,专人管理。

(2)定期组织机电设备、车辆安全大检查,对检查中查出的安全问题,按照"四不放过"的原则进行调查处理,制定防范措施,防止机械事故的发生。严禁机具带病运转或超负荷运转。

(3)吊装作业时,各机械司机必须持证上岗,服从指挥。钢轨、混凝土枕吊装前仔细检查钢丝绳,并确认绑扎牢固后方可起吊,起吊时下层作业人员必须保持在安全距离以外。

(4)指挥门式起重机、粗调机等大型施工机械的作业人员,必须在操作人员可以看到的安全地点,并用明确规定的指挥联络信号进行指挥,施工中严格检查落实。

(5)使用钢丝绳的机械,在运转中严禁用手套或其他物件接触钢丝绳,用钢丝绳拖、拉机械或重物时,人员应远离钢丝绳。

(6)起重作业应严格按照《建筑机械使用安全技术规程》和《建筑安装工人安全技术操作规程》规定的要求执行。

(7)施工区域内各种车辆应限速行驶,服从现场调度指挥,严禁突然掉头、超车。运输车辆严禁人、料混装;平交道口和狭窄的施工场地,设置"缓行"标志。

(8)桥上施工应采取措施防止材料坠落事故发生。

(9)施工现场的临时用电,严格按照《施工现场临时用电安全技术规范》的规定执行。

9　环保措施

(1)施工废水、生活污水按有关要求进行处理,不得直接排入农田、河流和渠道。清洗集料的水和其他施工废水采取过滤、沉淀处理后方可排放,以免污染周围环境。

(2)施工机械的废油废水采取隔油池等有效措施加以处理,不得超标排放。

(3)施工中报废材料、废弃的零碎配件边角料、水泥袋、包装箱等及时收集清理,严禁向路基侧沟、周围农田内倾倒堆积。

(4)无砟轨道施工使用剩余的黏结胶水、土工布、防水涂料等特殊材料按规定集中回收处理,不得随意弃置。

(5)临近居民区施工采取减振降噪措施,合理安排作业时间,降低施工噪声污染。

10　效益分析

本工法应用于武广客运专线武汉综合试验段工程,综合施工效率达到 200m/d(单线)。经过静态质量验收和动车试验检验,无砟轨道铺设精度、平顺性和稳定性均满足高速铁路轨道质量标准的规定。实现当年产值 3.3764 亿,新增利润 67.53 万元、新增税收 111.42 万元。采用新技术综合节约成本 1200 余万元,经济效益显著。

本工法的关键技术在武广客运专线全线建设中得到推广应用,起到技术示范作用;工法配套研制的专用设备也在武广客运专线推广使用,铺设双块式无砟轨道 400 余公里。在一定程度上保证了全线双块式无砟轨道铺设工期和质量,实现了工程按期投产运营,实现了较好的经济和社会效益。

本工法关键技术及配套研制的成套施工设备填补了国内技术空白并获得 14 项专利授权,其中发明专利 7 项,实用新型专利 7 项。这对我国高速铁路施工技术自主创新起到推动作用。

本工法配套研制的成套施工设备填补了国内双块式无砟轨道施工技术和成套设备的技术空白。造价仅为国外同类设备的 30%,设备适用性强、运转整备简单,综合性能优于国外同类设备。批量生产后在武广客运专线建设中推广投入使用,产品市场应用前景广阔。

11　应用实例

遂渝线无砟轨道综合试验段。2004 年 12 月开工至 2006 年 12 月完工。合计铺设 CRTS Ⅰ 型双块式无砟轨道 10.099km(折合单线)。通过应用本工法,无砟轨道铺设质量达到高精度要求,并于2007年1月通过了实车试验的技术检验,试验结果的各项指标均达到规范要求。目前开通运营近4年,轨道状态稳定。

武广客运专线武汉综合试验段。2005年1月开工至2008年12月完工。合计铺设CRTS I 型双块式无砟轨道14.765km(双线)。通过应用本工法,无砟轨道一次施工成型并达到高精度要求,轨道状态具有高平顺性和高稳定性。2009年1月,铁道部在综合试验段组织了动车试验,试验证明双块式无砟轨道结构的动力性能能够满足客、货列车运行的安全性和平稳性要求。

2008年3月至2008年12月期间,通过铁道部组织的武广客运专线无砟轨道施工现场观摩会等形式,本工法的关键技术在武广客运专线全线建设中得到推广应用;工法配套研制的专用设备批量生产后被中铁一局、三局等多家企业采购,投入武广客运专线CRTS I 型双块式无砟轨道施工,铺设CRTS I 型双块式无砟轨道400余公里。铺设质量符合规范要求。上述采用本工法施工的武广客运专线无砟轨道,经过动车组测试和近两年的运营,状态稳定且各项指标正常。

工程实践证明,本工法适用性强、可满足不同施工条件的无砟轨道铺设施工需求;轨道铺设质量控制水平先进,精度满足要求;本工法操作简单、工艺稳定可靠、工效高。

目前,中铁八局集团公司还承建了长(沙)昆(明)客运专线引入贵阳枢纽段工程(标段正线全长36.392km)、新建兰新铁路第二双线西宁至张掖段站前工程(标段全长80.147km),两项工程正在进行的双块式无砟轨道铺设施工均采用本工法,施工质量符合规范规定。

客运专线 CRTS Ⅱ 型板式无砟轨道施工工法

1 前言

京津城际轨道交通工程是我国首条高速铁路,设计时速 350km,为 2008 年北京奥运会配套工程,全线引进世界最先进的德国博格板式无砟轨道系统,现称为 CRTS Ⅱ 型轨道板。中国中铁十七局集团有限公司(以下简称中铁十七局)率先承担了试验段施工,按照铁道部消化、吸收、再创新、打造中国品牌的战略目标,积极组织技术创新,承担了铁道部"客运专线无砟轨道施工设备研制—板式无砟轨道施工设备研制"(合同编号:2006G001-A)课题,取得大量科研成果,完成了 50km 的铺设任务,铺设质量达到设计要求。

CRTS Ⅱ 型无砟轨道施工是京津城际整条线路施工成败的关键,尤其是长大桥梁连续结构不仅在我国尚属首次,在国外也没有先例。施工过程中,在引进德国技术的基础上,通过消化、吸收及自主创新,形成一套完整的适合中国国情的无砟轨道施工工艺,总结形成"CRTS Ⅱ 型板式无砟轨道施工工法"。

2008 年 3 月 14 日,本工法关键技术"Ⅱ型板式无砟轨道施工技术及配套设备研究与开发"经山西省建设厅组织有关专家进行鉴定,结果认为:"该项施工 技术达到了国内领先水平"(晋建科鉴字[2007]第 119 号)。本工法开发过程中取得了"轮胎式全液压悬臂门架式起重机(ZL200720101159.8)""沥青水泥砂浆搅拌主机(ZL200720006696.4)""SPPS 测量控制系统 V1.0"(2007SR13330)等 10 项知识产权(包括发明专利、实用新型专利和软件著作权)。京津城际铁路 CRTS Ⅱ 型板式轨道铺设的成功,为京沪高速铁路的开工建设奠定了坚实的基础,同时也为今后客运专线的建设积累了丰富的施工经验。

2 工法特点

(1)技术先进,精度高。Ⅱ型板式无砟轨道为连续结构,每块板有独立的数据文件,在线路上位置固定,采用计算机软件控制、定位,机械式专用千斤顶和轨道板压紧装置固定轨道板,铺设位置准确、精度高。

(2)底座板钢筋采用自制胎具,统一加工,实现了现场流水化作业,工艺新颖,提高了效率,降低了施工成本。

(3)采用特有的张拉工艺,选择恰当的时间进行张拉,消除了温度应力,为无缝钢轨的铺设创造了条件,提高了乘客的舒适度。

(4)长大桥上底座板通过增设临时端刺起路基上常规端刺的作用,将底座板划分成多个单元施工。采用流水作业和平行作业相结合的方法,设置多个作业面,分段施工,加快施工进度,解决长大桥一次性成型的难题,增设后浇带连接器,解决了混凝土温度应力及变形应力放散等问题。

(5)采用沿线分组存放轨道板,铺设时直接吊装上桥,改变了桥上铺板只能从两端向中间施工的局限,提高了工效。

(6)使用泵送混凝土,便于从桥下供料分段施工,加快进度,节约资金,具有较好的经济效益。

3 适用范围

本工法适用于CRTSⅡ型板式无砟轨道的施工,尤其适用于长大桥梁和一般路基地段,也可以对隧道施工改进物流组织。

4 工艺原理

4.1 路基上CRTSⅡ型板式无砟轨道

路基上CRTSⅡ型轨道板施工是在验收合格的基床表层上铺设混凝土支承层,粗铺轨道板,然后精调轨道板,灌注CA砂浆,纵连轨道板,铺轨,线路成形。曲线超高在基床表层实现。在桥头23m~100m位置,根据具体工况设置倒"T"形端刺,端刺和桥台台尾之间设置摩擦板,把列车运行时桥上产生的纵向力传递到桥头路基上。在端刺和远离长桥方向的路基上设置5m长的硬泡沫塑料路桥过渡弹簧板,避免"跳车"现象,提高旅客乘坐的舒适性。

4.2 长桥上CRTSⅡ型板式无砟轨道

长桥上CRTSⅡ型轨道板施工是在验收合格的桥面上铺设两布一膜滑动层,传递分散来自轨道系统引起的温度应力,在梁缝两端各1.5m范围铺设硬泡沫塑料弹簧板,平衡梁缝两端高低,减弱底座板因温度变化产生变形形成的剪切力,在剪力齿槽部位安装剪力钉,形成独立的施工段落。铺放底座板钢筋笼,安装模板,灌注底座板混凝土,并根据施工工艺的要求,分别浇筑单元内BL_1后浇带和BL_2后浇带。待一个单元完成后,便可进行轨道板的粗铺、精调和CA砂浆灌注,检测指标符合要求后,方可进行轨道板的纵向连接、剪切连接和侧向挡块的施工。

5 施工工艺流程及操作要点

5.1 施工工艺流程图

CRTSⅡ型轨道板路基上施工工艺流程,见图1。
CRTSⅡ型轨道板长桥上施工工艺流程,见图2。

5.2 操作要点

5.2.1 施工前的下部结构交接

验收路基、桥梁施工质量和设标网精度,对下部沉降及变形进行评估。

路基检验项目包括路基基床表层级配碎石表面中线高程、路肩高程、中线至路肩边缘距离、宽度、横坡、平整度。

桥梁检验项目包括桥梁梁面高程、相邻梁跨梁端桥面之间及梁端桥面与相邻桥台胸墙顶面之间的相对高差、桥面排水、底座板与侧向挡块和桥梁之间固定连接螺栓、防水层、梁面平整度、伸缩缝。

设标网包括设标网点埋设牢固,精度:平面±1mm,高程±0.5mm。

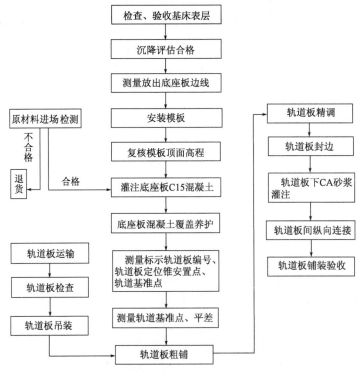

图 1　CRTS Ⅱ 型轨道板在路基上施工工艺流程

5.2.2　底座板(支撑层)施工及测量控制

(1)轨道设标点及测量:沿线路方向每隔 60～70m 设轨道定线标志点 1 个,设于接触网电杆基础或挡砟墙上(即 GVP 点,按四等网 PS4 测量精度,平面为 ±1mm,高程为 ±0.5mm);底座混凝土施工时以轨道设标网点为依据,按线路中线、坡度(包括竖曲线)和轨道超高支立模板。

(2)路基上底座板断面尺寸:宽 3.25m,厚 300mm,材料为 C15 钢筋混凝土,沿线路纵向间隔每 2.5～5m 切割一道深度为 105mm 的横向温差缝。

(3)桥梁常规区、路基桩板结构和摩擦板部位底座混凝土宽度 2.95 m,厚度一般为 19 cm,依据横向坡度(轨道超高和排水坡)形成相应厚度的底座混凝土板。

(4)桥梁底座板临时端刺与后浇带施工

底座板施工前,依据现场施工区段划分劳动力、机械设备和物资组织,确定施工单元、临时端刺位置、后浇带位置,进行施工平面设计。

①临时端刺布设

临时端刺区长度 800m,其底座板与常规区底座板的施工工艺要求基本相同,主要区别在于平面及结构布置上,如图 3 所示。

底座板在临时端刺区分 5 段,两个 220m 段(LP_1 及 LP_2)、两个 130m 段(LP_4 及 LP_5)、一个 100m 段(LP_3),共设 J_1～J_4 共 4 个后浇带(为 BL_1 型后浇带)。

左右线临时端刺起点设置错开 2 孔梁以上,避免个别桥墩承受由于底座板温差引起的较大水平力,临时端刺区的选择尽量避开连续梁,以避免进行特殊设计。

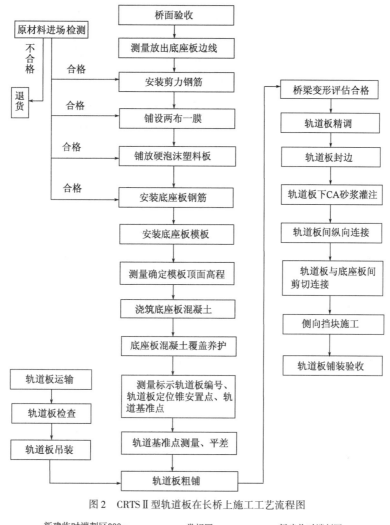

图 2 CRTS Ⅱ型轨道板在长桥上施工工艺流程图

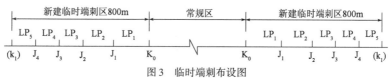

图 3 临时端刺布设图

②后浇带布设

a.后浇带与轨道板缝错开,宽 50cm;

b.简支梁上设在跨中;

c.连续梁设在固定连接间;

d.临时端刺设在桥梁固定端;

e.路基端刺至桥梁上最后一个固定连接处设置后浇带;

f.后浇带与任一固定连接处的距离不大于 75m。

BL_1 型后浇带在常规区和临时端刺区设置位置及形式相同;BL_2 型后浇带仅在临时端刺区设置,设于桥上固定连接处。

③底座板连接(后浇带施工)

底座板连接时混凝土强度需达到 20MPa,板内温度 20～30℃时,处于零应力状态,超过 30℃时不能连接,低于 20℃时,需要计算钢筋拉长量,将钢筋拉长。底座板连接施工在单元段内的端刺(两端或临时端刺或固定端刺)及常规区底座板全部施工完成后进行施工。一个单元段底座板的连接施工必须在 24h 内完成。

底座连接施工分四种情况。第一种情况为新设临时端刺 + 常规区 + 新设临时端刺。第二种情况为固定端刺 + 常规区 + 新建临时端刺。第三种情况为既有临时端刺 + 常规区 + 新设临时端刺。第四种情况为既有临时端刺 + 常规区 + 既有临时端刺。仅描述第一种情况下施工,其余类型近似。

两临时端刺中的 LP_1 段按常规区方式布设。常规区两端及两临时端刺后浇带按单元段中心对称原则顺序安排其连接施工,施工工序包括如下几个方面。

a. 临时端刺 $LP_2 \sim LP_5$ 的基准长度、温度测量,使用预埋的测温电偶测量,在中午时分进行。相邻板温不一致时,按两板长度及温度加权平均计算。常规区板温测量,与临时端刺区板温测量同时进行。

b. 临时端刺中的 BL_1(共4个)的预连接按 J_4、J_3、J_2、J_1 顺序将钢筋连接器螺母拧紧。先连接与临时端刺接壤(K_0 处)的前 10 个常规区后浇带钢筋,后依次连接 K_0、J_1、J_2、J_3 后浇带钢筋(J_4 后浇带钢筋与相邻单元段底座板连接时张拉,同时 J_2、J_3 需进行张拉调整)。

c. BL_1 后浇带混凝土施工在后浇带钢筋连接完成后随即进行,浇筑范围包括常规区所有后浇带及两临时端刺中的 K_0、J_1 后浇带。浇筑在 48h 以内完成。J_2、J_3、J_4 后浇带在相邻单元段底座板连接后施工。

d. BL_2 后浇带设于临时端刺的固定连接处(每孔梁上 1 个),分为早期固定连接和后期固定连接。早期固定连接在单元段底座板钢筋连接完成 3～5d 后(底座板内的应力调整期)进行,位置在 LP_2 范围内与 LP_2 相邻的两个固定连接后浇带,两临时端刺后浇带对称施工。后期 BL_2 后浇带混凝土在相邻单元段底座板连接后施工。

5.2.3 轨道板粗铺

底座板及后浇带混凝土强度大于 15MPa,且混凝土浇筑时间大于 2d 后,可粗铺轨道板。

(1) 轨道板运输及存放

①轨道板运输采用专用车辆运输。铺板单位提前 15d 将轨道板的使用范围及运输计划提交给轨道板场,以便轨道板场及时安排轨道板的打磨以及调整场内轨道板的存放位置。

②轨道板存放:

a. 轨道板沿线路三点支撑存放于桥下或路基旁;

b. 轨道板现场存放宜放置三层,最多不超过六层,存放时横桥梁方向要离开桥面遮板 50cm,四面排水,存板处不得发生积水;

c. 临时存板场地进行土质换填、碾压,处理好排水,地基承载力不小于 190kPa;

d. 地面铺碎石,摆设枕木,轨道板应"三点支撑"存放。轨道板存放支点见图 4。

③放在粗铺定位中的轨道板吊装:桥上选用悬臂门式起重机和大吨位吊车两种方式之一,大吨位吊车吊板上桥较悬臂门式起重机提升速度要快,但悬臂门式起重机粗铺对位精度比大吨位吊车高。采用吊车吊装时,必须加工特制的吊装锁具,将吊装锁具固定在轨道板的第三和第

七承轨槽上,用吊车缓慢地将轨道板提升到桥上。路基上只能用大吨位吊车。吊装前应检查板号。

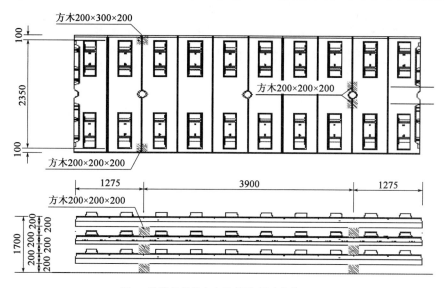

图4 轨道板存放支点示意图(尺寸单位:mm)

(2)轨道板粗铺前施工准备

①底座板高程检测:高程允许误差±5mm,不合格的进行凿除或修补,重测合格后才能施工。

②采用布板软件对轨道板铺设的基准网进行平差计算,测量精度为:平面0.2mm,高程0.1mm。得出沿线路方向每6.5m的基准控制点(GRP点)的精确三维坐标和圆锥定位点。轨道基准点或定位锥埋设位于轨道板端头半圆形凹槽处,且接近轴线,圆锥体的轴线与安装点重合。

③安装定位锥(图5):

a.位锥由圆锥体和定位锥锚杆组成,锥体为硬塑料;b.定位锥锚杆为直径为φ16mm的螺纹钢筋,螺距为10mm,长550mm;c.定位锥安装采用电锤钻孔,孔径20mm;d.直线段或超高小于45mm的曲线段钻孔深度为15cm,杆上涂黄油,

图5 轨道基准点或定位锥埋设图

以便灌浆后拆除,超高大于45mm的曲线段钻孔深度为20cm;e.孔要绝对垂直于底座板,锚杆用树脂胶锚固,伸出底座板面35cm。

④测设轨道基准点GRP:a.超高地段GRP基准点设在轨道板较低的一侧;b.测设时,应对设标网进行段内联测检查,防止误用被破坏或触动变位的设标网点支架,形成测量错误,表面破损超标的则更换。

⑤轨道板粗铺前,确定各编号轨道板的铺设位置,同时用喷漆在底座板旁标注轨道板编号。

⑥对每块轨道板进行检查,包括外观质量,编号的检查。高压水枪清洗轨道板和底座板,并进行灌浆孔清理。轨道板安装前预先在精调装置的部位安设材料制成"U"形密封垫,并用

硅胶固定,防止 CA 砂浆流出。

(3)轨道板粗铺定位

①桥梁轨道板吊装采用悬臂门式起重机吊装,起吊横梁上装有距离定位器,直接对准轨道板,挂上吊钩以后起吊,转到铺设地点的正上方下落,放在已安放好的长为30cm,宽为5cm,厚3.3cm 的木条上,并和定位圆锥结合紧密。接近混凝土底板时必须缓慢下降,以便放置时不损伤轨道板。轨道板粗铺的允许偏差控制在1cm 内。

②轨道板起吊时,首先要解除板体固定装置,确认轨道板吊装架的四个小爪完全扣住板体后,指挥人员才能给吊车司机起吊的指令,并随时注意板体上升情况。轨道板落放前,应有专人核对轨道板编号,确保轨道板"对号入座"。轨道板接近铺设位置时,调整轨道板空间位置,缓缓落下轨道板,人工配合就位,必要时使用硬杂木制成的木方代替撬棍对轨道板位置作一个微调。

5.2.4 轨道板精调

粗铺轨道板后即可进行轨道板精调作业,采用自行研发的精调软件 SPPS 以及硬件设备,通过电台与全站仪连接,自动测量轨道板上的棱镜将轨道板实际位置数据采集录入到计算机程序内,精确计算出实际位置与设计目标值之间的偏差,利用千斤顶对显示器上显示的数据进行调整。

(1)设标网的复测及基准点测量

精调施工前,对精调段设标网进行复测检核,确认无误后方可开展精调施工。为了控制误差,每次测65m(10 块板)到104m(16 块板)不等,根据天气、视线情况不同而定。采用自由测站,测量的架站点尽量靠近待定点的连线,对左右线分别测量,其中3 个点为重复测量的基准点,下一测站要对上一测站的5 个基准点进行重合测量,每组的测回数至少为3 次。

(2)安装轨道板精调调节装置

①调节装置安装在轨道板前、中、后部位两侧共计6 个。其中四角的精调装置可进行位置和高程调节,中部只调整高程。

②双向精调装置在安装前将横向轴杆居中,前后伸缩大约有10mm 的余量。

③精调千斤顶使用前应对相关部位进行润滑。

(3)轨道板精调流程

测量标架校核(依据标准标架)→全站仪安装(与待精调板间隔1～2 块板处安装)→测量标架布设(精调板上布3 个,已完成的精调板上布1 个,调节并保证标架支点与承轨槽内单面相触)→开启无线电装置(建立全站仪与电脑系统间联系)→测量定向(基于已完成精调板上的标架,作为已知点)→测量定向的校核(基于GRP 点)→对精调板上前、后两标架进行测量并读取精调数据→轨道板初步精调(对板前、后两端进行平面及高程精调)→对精调板中部标架进行测量→读取精调数据(主要为高程数据)→轨道板中部的补充精调→对精调板上3 根标架(6 个棱镜点)进行复核测量→读取精调数据→修正精调→相邻板间(待精调板与已完成精调板间)平面及高差测量→顺接性精调修正(直至相邻板间平面及高差小于0.4mm)。

5.2.5 水泥沥青砂浆(简称 CA 砂浆)垫层灌注

(1)安装压紧装置

压紧装置由锚杆、L 形钢架及翼形螺母组成。一般情况下,压紧装置安装于轨道板的两端

(依托定位锥螺杆),当曲线位置超高达到45mm及以上时,轨道板两侧的中间部位增加压紧装置。

(2)轨道板边缝封边

封边前应将轨道板下的灰尘吹干净,同时对板封边范围进行预湿。

①轨道板两侧封边

用型钢、螺栓、螺母加工成自锁式封边装置进行封边,封边材料为普通砂浆。在封边两侧面预留6个排气孔,孔径为20~25mm,孔位要避开精调装置周围的泡沫材料。封孔可采用专用孔塞或泡沫材料。

②轨道板板间封边

封边材料应具有结构承载作用,采用与水泥沥青砂浆性能相同的特种材料。

为防止灌浆时砂浆从轨道板侧面溢出,必须将底座板混凝土和轨道板之间的侧缝密封,密封采用一种特殊的、稳固的水泥砂浆,调节装置四周同样作封闭处理。轨道板纵向密封通过涂密封砂浆来实现。

使用商业上通用的改进型室外用灰浆,灰浆经过搅拌机的螺旋输送器和相应的软管输送到施工地点,在软管的末端设有一个楔形拖板铺设装置,用来防止密封砂浆进入轨道板下面。

为保证轨道板下面全部面积灌满CA砂浆,密封砂浆硬化前在轨道板四边角附近或轨道板中间紧靠轨道板的底面设置排气孔。

校正装置(夹爪)范围,在轨道板下面放置梯形不吸水的乙醚泡沫材料的模制件,防止CA砂浆灌注时溢出和污染校正夹爪。

③校正装置封闭处理

轨道板对接处横向接缝的密封使用可刮抹的稠度较大的CA砂浆,手工操作灌入横缝中,砂浆至少高出轨道板底边2cm,等砂浆达到所需要的稠度后压实并抹平。

(3)底座板表面和轨道板底面预湿

用带有旋转平面喷头的喷枪分别从三个灌浆孔伸入轨道板进行喷雾湿润,轨道板、桥面及GRP基准点,用土工布覆盖以防污染。

(4)砂浆拌制

砂浆采用移动式搅拌设备现场搅拌,测量其扩展度、流动度、含气量、砂浆温度等指标,以此来微调并确定砂浆配合比。各项指标合格后方可进行轨道板垫层灌注施工。

(5)灌注

①砂浆存放在可搅拌的中间存储罐,特制底盘随车吊吊至桥面,连接灌注软管,砂浆中转仓的出料口应高于轨道板0.5~1.0m,灌注软管另一端对准灌浆孔,开启出料调节阀,进行灌浆施工。

②通过其他两个灌浆孔和排气孔观察灌浆过程,直至所有排气孔冒出砂浆,用木塞或泡沫材料塞住排气孔,同时观察灌浆孔内砂浆表面高度的变化情况,砂浆面不低于轨道板的底边且不回落时,灌浆结束。

③在垫层砂浆轻度凝固时,将一根S形钢筋从灌浆孔插入至垫层砂浆中,保证灌注砂浆与封孔混凝土胶结。

(6)调节装置和封边砂浆的拆除

垫层砂浆抗压强度至少达到1MPa后,拆除轨道板下精调千斤顶装置。封边砂浆电钻破损,然后人工清理,并对CA砂浆进行饱满度检查,虚边严重的重新灌浆。

5.2.6 纵向连接及灌浆孔填补

(1)填充窄接缝

首先安装模板,模板设在轨道板外侧,固定在窄接缝的侧面,用螺杆张紧,然后灌注接缝混凝土,高度控制在轨道板上缘以下6cm,砂浆最大粒径10mm,填充时的环境湿度不得高于25℃。

(2)张拉装置安装和张拉

①张拉装置安装:清理连接钢筋并涂抹润滑油脂,安装张拉锁件及螺母。张拉锁件必须进行绝缘处理。

②强度达到以后再拆除模板,当横向接缝砂浆强度达7.5MPa和沥青砂浆层强度达9MPa后,对轨道板实施张拉。

③张拉采用梯步式,每三块板的两个缝为一个单元,先中间的两根再依次向外对称张拉。张拉顺序见图6。

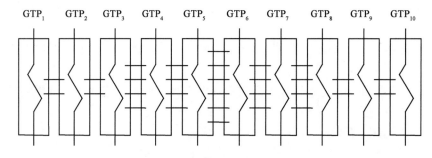

图6 轨道板张拉顺序

张拉顺序:第一步张拉中间两根钢筋,第二步从内侧向外张拉剩下的钢筋,最后一块轨道板先只张拉中间的钢筋,再从内而外张拉剩余钢筋。涂有润滑脂的螺纹钢筋预张力用450N·m的扭矩张紧,至少每天检查一次可调扭力扳手的扭矩调整值是否正确。

④每个循环张拉分为三个作业小组,每组两人,组与组之间相隔两道缝。

(3)宽接缝填充

安装配置钢筋,钢筋可采取在工厂集中绑扎后吊装上桥或在桥上直接绑扎两种方法,横筋与竖筋接触点需做绝缘处理,绑扎好的钢筋经电阻检测合格后,方可进行混凝土浇筑。

(4)立模

板间缝的模板采用3mm厚钢模板,采用特制夹具将模板固定。

(5)灌注宽接缝

采用添加抑制剂和膨胀剂的灌注砂浆填充,用插入式震动器捣实,表面与轨道板表面齐平并找平,并通过使用合适的楔形垫块生产轨道板连接带。

填充时应灌注稠度较大的砂浆,以免有超高的区域内出现"自动找平"现象。

(6)填充灌浆孔

①灌浆孔填充与窄接缝使用同样的灌注混凝土和操作方法,混凝土最大颗粒不超过

10mm,环境温度不得高于25℃。

②混凝土尚未终凝前喷洒养护剂进行养护,混凝土终凝后覆盖塑料薄膜养护,养护时间不少于7d。

5.2.7 抗剪切连接操作要点

(1)按规定深度钻剪切连接孔,孔径32mm,清洁钻孔。
(2)填充钻孔和放入暗销,剪刀暗销采用 $\phi28$ 精轧螺丝钢,用植筋胶封堵。
(3)达到所要求的强度后,用扭力扳手以规定的扭矩将锚栓拧紧。
(4)钻孔时不能打穿底座板,避免损伤硬泡沫塑料板。

5.3 劳动力组织

劳动力组织见表1。

劳动力组织情况表　　　　表1

序号	工作内容	细部工序	人数(人)	总人数(人)	备注
1	钢筋加工与安装	钢筋绑扎工	52	86	负责钢筋绑扎和绝缘卡的安装
		钢筋调直工	3		负责钢筋调直工作
		钢筋弯曲工	3		负责钢筋弯曲工作
		钢筋切断工	3		负责钢筋切断工作
		电焊工	12		负责钢筋焊接工作
		电工	1		负责钢筋加工厂用电管理
		钢筋笼倒运工	12		负责钢筋笼倒运和吊装
2	综合组	两布一膜	10	28	按一个工作面计算人数,多开工作面按倍数增加人数
		泡沫板	4		
		剪力筋	6		
		钢楔块安装	8		
3	底座板	钢筋下料、组装	40	98	按一个工作面计算人数,多开工作面按倍数增加人数
		测量及安装标志点	6		
		钢筋吊装、安装	16		
		模板安装	24		
		混凝土	12		
4	铺板	运输	7	37	按一个工作面计算人数
		吊装及铺装	12		
		精调	8		
		辅助工人	10		
5	CA砂浆	封边	6	44	(由桥下到桥上及桥上到车上)按一个工作面计算人数
		上料	16		
		拌和、灌注	12		
		辅助工人	10		
合计				293	按一个工作面计算人数

6 材料与设备

6.1 材料

轨道板施工材料见表2。

轨道板施工材料　　　　　　　　　　表2

序号	名称	规格型号	性能指标	备注
1	C15 混凝土	碎石,5~25mm;砂子,河砂;磨细矿粉;粉煤灰;水泥,P.O42.5		路基支承层
2	C30 混凝土	碎石,5~20mm;砂子,中砂;磨细矿粉;粉煤灰;水泥,P.O42.5;减水剂,西卡3310C		底座板
3	CA 砂浆	阴离子乳化沥青	筛上剩余物(1.18mm)<0.1%;颗粒显阴性;平均粒径≤7μm,模数粒径≤5μm;水泥适应性:20s内至少流出70mL;储存稳定性(1d,25℃)<1.0%;储存稳定性(5d,25℃)<5.0%;养发残留物要求:残留物含量≥60%,针入度(25℃,100g,5s)4~12mm,软化点(环球法)≥42℃,溶解度(三氯乙烯)≥99%,延度(25℃)≥100cm	
		CA 砂浆干粉	Q/DS04.08—2007《CA 砂浆干粉料》	
		减水剂,UNF-5AST	《客运专线高性能混凝土暂行技术条件》,减水率>25%,扩展度损失小的聚羧酸类减水剂产品	
4	滑动层材料及黏结剂	土工布	现行 GB/T 13761,GB/T 13762,GB/T 15788 及《京津城际铁路无砟轨道部分特殊材料检验规定(试行)》	
		双光面 HDPE 滑动层薄膜	现行 GB/T 13762,GB/T 6672,GB/T 11040,QB/T 1130 及《京津城际铁路无砟轨道部分特殊材料检验规定(试行)》	
		黏合剂,西卡胶 F-55		
5	限位块材料	侧向挡块橡胶支座,D、C型	现行 JT/T 4,GB 3280,GB/T 6031,GB/T 7760 及《京津城际铁路无砟轨道部分特殊材料试验规定》	
6	锚固销钉及锚固剂材料	惠鱼植筋胶 FISP300T	现行 GB 50367	
7	泡沫塑料板	硬质泡沫塑料板(XPS板)	现行 GB/T 6342、GB/T 6343、GB/T 8813、《京津城际铁路无砟轨道部分特殊材料的检验规定(试行)》	
8	防水层	Elastuff 320 聚脲弹性体防水涂料	《京津城际轨道交通工程混凝土桥面防水层技术条件和验收标准》	桥面
9	张拉锁件和螺母	EN-GJS500-7 和纵向连接件张拉锁图纸技术要求		板间
10	后浇带连接器	钢板:Q345,厚度40mm;钢筋:HRB500,直径25mm,承钢		底座板
11	钢筋绝缘材料	塑料卡子		底座板

6.2 设备机具

设备机具表(按一个作业面配置)见表3。

设备机具表(按一个作业面配置)　　　　表3

序号	名称	序号	机具设备名称	型号	单位	数量	备注
1	钢筋加工与安装	1	对焊机	UNI-100	台	1	
		2	电焊机	BX1-500	台	4	钢筋厂一台和抗剪锚固筋焊接
		3	切断机	GQ50	台	1	
		4	弯曲机	GW40	台	1	
		5	调直机	JJM-2	台	1	
		6	固定模床		个	2~4	
		7	吊架		个	1	
		8	吊车	16t	台	1	
		9	电阻检测仪	NL3102	台	1~2	使用于钢筋笼电阻测试
		10	钢筋笼运输车	14m	台	1	单个钢筋加工厂配置考虑
		11	悬臂吊	4t	台	2	每个吊装钢筋笼工作面一台
2	底座板及其后浇带施工	12	混凝土泵车		台	1~2	桥面泵送底座板混凝土
		13	混凝土罐车	8m³	台	3~6	
		14	振捣梁		个	2	
		15	插入式振捣棒	50号	个	6~10	
		16	硬毛刷		把	10	用于底座板表面拉毛
		17	抹子	25cm	把	10	
		18	对讲机	5km范围	台	3	连接指挥、质检、技术每人一台
		19	扭矩扳手	450N·m	把	3	使用于锚固螺母张拉
		20	开口扳手		把	3	使用于锁紧螺母让其紧贴钢板
		21	混凝土罐车	8m³	台	1~2	
		22	吊车	16t	台	1	
		23	插入式振捣棒	50#	个	4~5	
		24	硬毛刷		把	4	
		25	抹子	25cm	把	4	
		26	刮尺	1m	把	4	
3	粗铺轨道板	27	门式起重机	普通式,跨双线		1	仅路基上用
		28	悬臂门式起重机	15t	台	1	桥上吊装轨道板用,二选一
		29	汽车吊	50t		1	
		30	轨道板运输车	30t	台	8	轨道板运输用
		31	定位锥			10	
		32	高压喷水装置			1	

续上表

序号	名称	序号	机具设备名称	型号	单位	数量	备注
4	精调轨道板	33	精调测量框架	SPS		1	
		34	冲击钻	20mm 直径		1	
		35	压紧装置			10	一个作业面10块板
		36	调脚（二维）			40	
		37	调脚（一维）			20	
		38	棘轮扳手			8	
		39	全站仪及棱镜、支架	徕卡 TCA1800	套	1	测角：≤1"，测距：≤1mm+2ppm，点对中误差：≤0.5mm
		40	电子水准仪及钢钢尺	徕卡 Na3003	套	1	高程：≤0.9mm/km，测距：≤1/2000
5	CA砂浆灌注	41	移动式CA搅拌车		台	1	
		42	封边材料搅拌机		台	1	
		43	棘轮扳手		支	4	
		44	高压水枪		支	1	
		45	高压喷雾器		台	1	
		46	校正尺		支	2	
		47	含气量测定仪		台	1	
		48	水泥胶砂三联模		组	30	
		49	扩展度检测装置		套	1	
		50	汽车吊	16t	台	1	CA材料
		51	运输卡车	10t	台	3	CA材料运输用
				5t	台	1	仅桥上CA材料运输用

7 质量控制

（1）无砟轨道板铺设质量必须符合《客运专线无砟轨道铁路工程施工质量验收暂行标准》（铁建设〔2007〕85号）、《客运专线无砟轨道铁路工程施工技术指南》（TZ 216—2007）、客运专线铁路CRTSⅡ型轨道板式无砟轨道水泥乳化沥青砂浆暂行技术条件（科技基〔2008〕74号）和客运专线无砟轨道铁路工程测量暂行规定（铁建设〔2006〕189号）的要求。

（2）由于后浇带施工的需要，部分轨道板可双层叠放，但应满足以下条件：
①底座板平整度满足7mm/4m的误差要求。
②底层轨道板支点木块顶面在同一平面上。
③底层轨道板两侧支点木块应置于一条线上，且设于预裂缝位置处。
④上层轨道板三点支撑木块设于预裂缝底层板的上方。

（3）通过定位锥的限位，粗铺精度控制在10mm以内。

（4）轨道板灌浆前必须进行工艺性试验，以选定各项施工技术参数，指导施工。

①对乳化沥青、干料等大宗材料的仓储设施应考虑降温及保温措施,现场供应时应严格控制温度,干粉:≤30℃;乳化沥青:≤30℃;水:≤20℃。

②每次灌注前均应进行砂浆试拌和,测量其扩展度、流动度、含气量、温度等指标。

a. 流动度:100s±20s。

b. 扩展度:$D_5 \geq 280$mm 且 $t_{280} \leq 18$s,$D_{30} \geq 280$mm 且 $t_{280} \leq 22$s。

c. 含气量:≤10%。

d. 砂浆温度:5~35℃。

e. 灌浆厚度:2~4cm。

(5)精调要求高程和平面位置均不得超过0.3mm。

(6)轨道板灌浆后,高程±0.5mm,中线偏差0.5mm。

(7)CRTS Ⅱ型轨道板精调时相邻轨道板间允许高差0.4mm,验收时放宽1mm。

(8)轨道板灌浆后,采用与精调同样的测量方法,进行详细的检查验收,对误差超过5mm的,进行揭板处理;对误差小于5mm的轨道板,可通过调整钢轨下钢板的厚度来实现。

(9)从桥下往上吊装底座钢筋网片时,必须采取防变形措施,如采用吊装架、多点起吊、吊装专用托盘、绑扎加强刚度的临时骨架等。

(10)轨道板吊装作业要平稳进行,严禁磕碰周围建筑物,造成板体和周围建筑的残缺,影响美观和质量。

(11)建立质量记录制度,制定出各个工序施工质量的评比办法,使得施工质量与工资收入紧密挂钩,充分调动和提高全员质量意识,发挥每一个员工主观能动性。定期对员工进行施工技术培训并严格考核,考核不合格的严禁上岗。

8 安全措施

8.1 安全管理措施

(1)认真贯彻"安全第一,预防为主"的方针,根据国家有关规定、条例,结合施工单位实际情况和工程的具体特点,制定专职安全员和班组兼职安全员以及工地安全用电负责人参加的安全生产管理网络,执行安全生产责任制,抓好工程的安全生产。

(2)建立相应的管理机构,制定切实可行的安全管理办法和奖惩制度,明确各职能部门和有关人员的安全工作职责。

(3)建立完善的安全生产保证体系,加强施工作业中的安全检查,确保作业标准化、规范化。

(4)设立安全领导机构,明确分工,责任到人;设专职安全员做好工前、工中和工后的检查工作。

(5)坚持大型机械设备定期维修保养制度,坚持大型机械设备作业前安全检查制度。

(6)每月定期进行以防火、防盗、防爆为中心的安全检查,堵塞漏洞,发现问题和隐患,及时进行整改。

8.2 安全技术措施

(1)加强对施工人员的安全教育,编制各工序的安全作业指导书,做好作业人员岗前培训,树立"安全第一、预防为主"的思想,文明施工,规范作业。

(2)施工现场设置专职安全员,严格执行施工安全的各种相关规定,坚决杜绝违章作业。

(3)大型机械设备专人操作,专人指挥,并严格执行各项安全操作规程。各种机械设备的操作人员特殊工种必须培训后持证上岗。

(4)定期检查机械设备的安全保护装置和安全指示装置,确保以上两种装置齐全、灵敏、可靠。特种设备厂家派驻技术人员进行现场指导,随时解决现场出现的机械故障。

(5)轨道板从板厂运往工地的过程中,要限速行驶,以防止由于急刹车板体移位造成毁坏车体、板体等事故的发生。

(6)吊装作业中,除了操作人员,严禁其他人员进入作业区内围观,设专门的安全防护员;起吊过程中严禁任何人员站立、过往起重臂下及板体下方。

(7)现场作业人员要佩戴安全帽,穿工作鞋,严禁穿拖鞋上岗;CA 砂浆拌和灌注人员必须佩戴防护目镜,防止带有沥青的砂浆溅入眼睛;CA 砂浆作业人员必须戴橡胶手套。

9 环保措施

(1)严格遵守国家和地方政府下发的有关环境保护的法律、法规和规章,加强对施工燃油、工程材料、设备、废水、生产生活垃圾和弃渣的控制和治理。

(2)定期或适时维修不良设备,避免因零件松动、振动、破损而产生强烈的噪声;对大型设备上产生噪声较大的发电机,采取隔音材料降低噪声。

(3)配置洒水车辆,对施工便道进行经常洒水维护,降低扬尘。

(4)所有的粉料、燃料、沥青及其他有机化学物品均保存在密闭容器中,进行严格的管理,避免对环境造成污染。

(5)定期对所有的用油设备的供油系统进行检查,杜绝设备用油过程中的跑、冒、滴、漏现象,使可能造成的污染控制在最小的范围内。

(6)对每次灌注剩下的沥青水泥砂浆余料以及清洗砂浆搅拌机的污水,收集到指定地点和污水池集中处理;对封边产生的固体废弃物采取集中处理或掩埋。

(7)工程竣工后,及时进行现场清理,恢复原地貌,不得乱堆乱弃,影响自然环境或阻塞河道;不得产生化学污染和大量的粉尘,影响周围居民的生产生活。

(8)CA 砂浆集中在砂浆搅拌设备内拌和,在搅拌罐内完成垂直运输,保证对周围环境无污染。

10 效益分析

10.1 经济效益

在工法形成过程中,自主开发研制悬臂门架式起重机、移动式 CA 砂浆搅拌设备、绝缘卡、Ⅱ型无砟轨道板的绝缘检测装置、张拉锁件用扳手套头等多项具有国家专利的施工专用设备工具,与采用国外设备相比节约资金超过 5000 万元。

10.2 环境效益和节约效益

(1)此工法所用的污染性材料均储存在密闭容器内,使用过程中全封闭作业,有效地避免了对周围环境的污染;所采取的防尘、防污染环保措施和节电、节水措施,严格控制了施工过程中能源的消耗。提高了企业综合效益,降低成本150万元。

(2)经国家有关环保监测部门鉴定,此工法环保、节能、无污染,达到国内领先水平。

(3)此工法基本围绕在线路上作业,减少了土地占用和对原生态环境的破坏,节约了大量土地。

(4)采用循环作业的施工方式,提高了周转材料利用的次数,较以前减少了周转材料和机具设备的大量投入,降低了施工成本。

10.3 社会效益

(1)采用本工法多个作业面平行施工,为提前交付铺轨和后续四电施工创造了有利的条件;科学的施工组织、规模化的机械作业,缩短了建设周期,并有效地保证了施工质量。

(2)轨道板精调及灌浆利用自主开发的计算机软件进行计算和控制,使施工过程规范化、标准化、程序化,有效地保证了轨道板的铺设质量,赢得了建设、咨询、监理单位以及国内外专家学者的一致赞誉。

(3)铺设的轨道板平顺,保证了高速列车的运行安全,增加了旅客乘车的舒适度,在2008年奥运会期间赢得了国外许多学者、游人以及政界要员的青睐。为京沪高速铁路及其他客运专线积累了丰富的施工经验。

11 工程实例

11.1 工程概况

京津城际轨道交通工程全线102km,其中95%以上都是桥梁,仅有少量路基工程。桥梁上无砟轨道系统由两布一膜、混凝土底座板、砂浆垫层、轨道板等构成,路基上无砟轨道系统由混凝土支撑层、砂浆垫层、轨道板等构成。

11.2 施工情况

中铁十七局负责施工的京津城际铁路客运专线杨村特大桥无砟轨道,2007年7月5日开工,2007年10月30日完工,采用板式无砟轨道的施工方法,施工中流水作业和平行作业相结合,两布一膜铺设、底座板钢筋制作、混凝土浇筑、后浇带施工、粗铺、精调、灌浆、板连接、剪切连接、侧向挡块等工序分段依次展开,仅用了三个多月的时间,就圆满完成了50km的无砟轨道任务,达到了快速、高效、先进的目标。

11.3 工程检测与结果评价

京津城际轨道交通工程板式无砟轨道施工从2007年7月5日开工,2007年10月30日完工,由中铁十七局、中铁六局、中铁一局和中铁大桥局等单位施工,均采用本工法施工,经检测,轨道板几何尺寸、轨距、轨向等各项指标均满足验标要求。大规模的机械化作业,节省了大量的劳动力,同时也减少了由于人为因素给工程造成的缺陷;所有污染性的材料都在密闭的情况下储存、运输和拌制,达到了环保的效果,不会对周围环境造成污染。

京津城际铁路板式无砟轨道施工的成功,为旅客出行提供舒适的出行环境,为今后高标准高速铁路客运专线积累了丰富的施工经验,为我国铁路建设的跨越式发展提供了良好的例证。该技术提高了施工过程的控制精度,对其他客运专线、城际铁路以及将来的高速铁路建设具有很好的借鉴作用,具有较高的推广价值和广阔的应用前景。

11.4 存在的问题

本工法采用大规模的机械设备施工,要求周围环境干扰在作用区范围之外,在城市干扰密集的情况下,这种工法就会受到限制,需要采取更具体的施工方法。

钢弹簧浮置板道床"钢筋笼轨排法"施工工法

1 前言

近年来,"浮置板道床"作为新型轨道结构在城市轨道交通建设中得到普遍应用。在上海轨道交通十号线中国中铁一局集团有限公司(以下简称中铁一局)首创的"钢筋笼轨排"铺装方法将"浮置板道床"的铺装进度由传统"散铺法"的 6~8m/d 提高到平均 50m/d,最快达到 75 m/d,平均提高 6~8 倍,在保证施工质量的前提下显著加快施工进度。其中:《城铁钢弹簧浮置板轨道及整体道床快速施工新技术》荣获中国中铁股份有限公司 2010 年度科学技术一等奖。钢弹簧浮置板轨道钢筋笼轨排法施工工艺[200910024168.5]、钢弹簧浮置板道床钢筋笼轨排组装用调轨架[200920034832.X]、钢弹簧浮置板道床施工用专用扳手[200920034847.6]获三项国家专利。基于该项工艺在加快施工进度方面的特别优势,中铁一局和重庆外建总结在上海、北京、西安、广州、深圳、重庆等城市地铁轨道的施工经验编写了本工法。本工法所依托的《浮置板轨道及整体道床快速施工新技术》科研项目通过了重庆市城乡建设委员会组织的技术成果鉴定,鉴定结果为:"钢筋笼轨排法"浮置板施工技术达到国内领先水平。

2 工法特点

(1)"工厂化、机械化、标准化"的作业方式,实现整体拼装、吊装运输、铺设,显著提高工效。

(2)有效克服隧道内施工作业面狭窄、基本靠人工进行施工散铺作业等施工难题,降低洞内作业的施工难度,极大地降低现场施工人员的劳动强度。

(3)确保了整体道床施工的连续性,避免了因浮置板地段的间断跳跃施工。

(4)可精确控制轨道位置、轨距、水平、方向及轨顶高程等轨道几何尺寸。

3 适用范围

本工法适于城市轨道交通(高架线、地下线)对减振降噪有特殊要求、设置浮置板轨道地段施工。

4 工艺原理

浮置板轨道"钢筋笼轨排法"同目前国内广泛应用的整体道床"轨排架轨法"相结合,对浮置板施工工序进行优化、改进,实现了浮置板钢筋笼轨排拼装、隧道仰拱回填、轨道板混凝土浇筑 3 大工序平行流水作业。利用铺轨基地进行浮置板钢筋笼轨排拼装,轨道车运输轨排至作业面,利用洞内作业面的铺轨门架将"钢筋笼轨排"吊运至已浇筑完成的浮置板基底面,洞内进行钢筋笼就位、轨道几何尺寸调整、混凝土浇筑等作业。浮置板轨道基础混凝土施工(隧道仰拱回填)应提前于道床板施工。

5 施工工艺流程及操作要点

5.1 施工工艺流程图

施工工艺流程见图1。

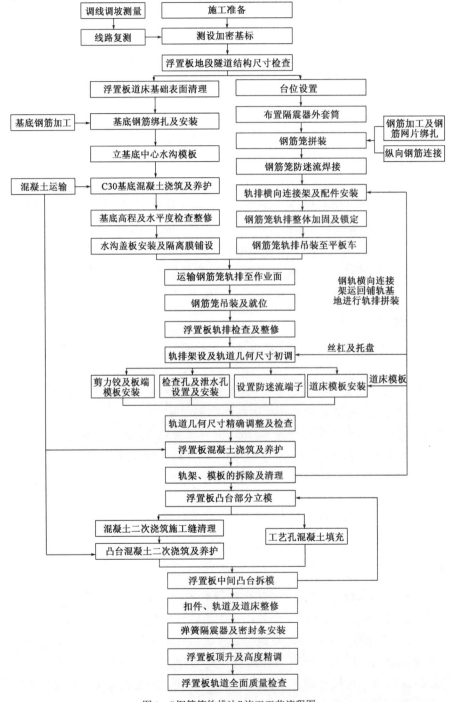

图1 "钢筋笼轨排法"施工工艺流程图

5.2 测量放线及结构尺寸偏差检查

5.2.1 调线调坡测量

为确保轨道满足列车运行限界要求,需对线路的平面位置及高程进行调整设计。并按每100~200m(曲线地段增设曲线五大桩)设置线路中心控制桩及高程控制桩。

5.2.2 控制基标复测及基标加密

控制基标进行复测,复测完毕后进行施工基标加密,加密基标每5m设置一处,测量误差满足规范要求。对现场施工测量的伸缩缝位置、基底高程控制线、轨顶高程控制线、线路中心线等不同的桩(线)位进行标识。

5.2.3 浮置板地段隧道结构尺寸偏差检查

根据测设的施工基标点,检查铺设浮置板地段的实测轨道高度同设计轨道高度、实测轨道中心线同线路设计中心线的偏差是否满足浮置板轨道设计的需要(具体各线性关系示意图见图2)。

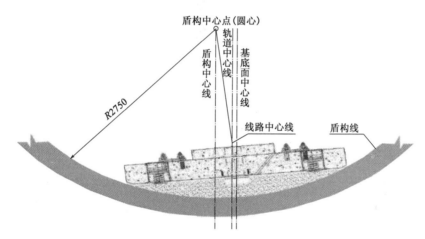

图2 浮置板轨道曲线地段线性关系示意图

5.3 浮置板基础施工(隧道仰拱回填)

5.3.1 基底清理

对隧道基底面的垃圾、泥浆、杂物等进行清理。

5.3.2 钢筋基底绑扎

加工完成的浮置板基础钢筋在铺轨基地装车,轨道车运输至前方,铺轨门吊运至施工作业面,现场人工进行钢筋绑扎。由于曲线地段浮置板基础为倾斜基础,同断面上浮置板基础顶面始终与左右股轨顶面的横向连线平行,浮置板基础中心与轨道中心产生偏心(线性关系见图2)。曲线地段施工时,基底钢筋网中心线向曲线外股,偏离线路中心线一定值。具体偏离值,可按下式进行计算(均按mm取值):

$$d = H \times \tan\left(\arcsin\frac{\Delta h}{1500}\right)$$

式中:d——浮置板基础顶面中心线同轨道中心线的偏离值;

H——为浮置板轨顶面至基础表面的高差,按道床设计取值;

Δh——外轨超高值;

其中,1500 为左右股钢轨轨顶面距离。

5.3.3 支立中心水沟模板

浮置板基础中心水沟模板采用专用矩形封闭式钢模板,具有可重复使用、不易变形、设计合理、施工便捷等优点。模板安装平顺,正确,牢固。支立中心水沟模板需注意曲线地段水沟中心线同线路中心线的偏差。

5.3.4 道床基底混凝土施工

轨顶设计高程值下返 570mm 为浮置板基础高程控制线。施工时,根据测量提供的高程控制基线,严格控制浮置板基础的高程及表面平整度,曲线倾斜基础施工控制尤为关键。同时注意曲线内侧基底横向排水沟的设置(用于将曲线内侧基础的水引入中心水沟)。混凝土运输可灵活采用轨道车运输或泵送混凝土方案进行混凝土浇筑施工。混凝土施工完毕后,对散落于隧道管壁的混凝土及时进行清理。

5.3.5 基底高程及水平度检查、整修

基础混凝土浇筑完毕后,对隔振器位置的高程、水平度进行检查,对于偏差尺寸不满足设计要求的地段进行整修。可采用整体打磨或垫高的办法进行处理,严禁采用在混凝土表面局部垫高或挖深的方法来满足隔振器放置要求。

5.3.6 中心水沟盖板安装及隔离膜铺设

浮置板基础施工完毕,混凝土表面、基底水沟中杂物应全部清理干净,然后再设置水沟盖板、铺设隔离层。水沟盖板上按设计要求设置锚筋(将水沟盖板同顶升的轨道板连接)。

5.4 浮置板钢筋笼轨排拼装

5.4.1 浮置板钢筋笼轨排生产线的布置

浮置板钢筋笼轨排拼装场地需兼顾普通道床轨排作业场地的布置,根据铺轨基地的大小及规模、轨排孔位置等因素,统筹兼顾,合理布置各生产作业区。典型浮置板钢筋笼生产线见图3。

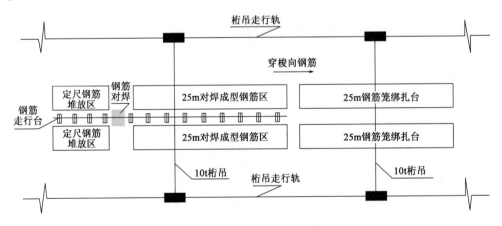

图3 钢筋笼轨排拼装流水线示意图

图中未涉及浮置板钢筋加工区、轨枕存放区、配件存放区、钢轨存放区、轨排存放台位等生产作业区,具体位置及场地需根据铺轨基地的实际情况,兼顾普通道床轨排作业场地的布置,综合考虑,以方便施工、合理布局为原则。

5.4.2 浮置板钢筋笼拼装台位的设置

拼装浮置板钢筋笼的台位可按 26m×3m 设置,台位为混凝土硬化的水平面,表面平整。在台位上设置浮置板端头线、浮置板钢筋笼中心线、钢轨中心线、套筒位置中心线、凸台边线等关键线,作为拼装钢筋笼轨排的基准线。曲线地段浮置板钢筋笼轨排按直线进行拼装,但必须考虑不同曲线半径地段因曲线外股、内股不等长,造成的钢筋笼轨排长度的差异,具体如图 4 所示。

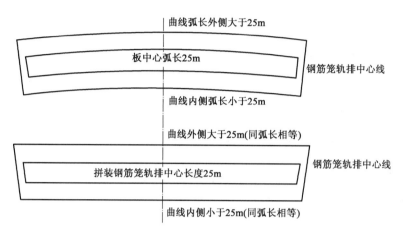

图 4　曲线钢筋笼轨排示意图(尺寸单位:m)

5.4.3 布置隔振器外套筒

根据台位上标识的外套筒位置,按设计图纸布置隔振器外套筒,注意套筒摆放的内外方向,隔振器外套筒布置示意图如图 5 所示。布置隔振器外套筒时,需考虑因曲线内外股长度差异造成的隔振器位置的差异,曲线外侧套筒间距大于理论值,曲线内侧套筒小于理论值。

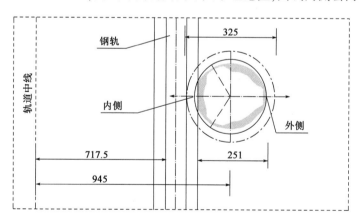

图 5　隔振器外套筒布置示意图(尺寸单位:mm)

5.4.4 钢筋的加工及钢筋笼的拼装

浮置板钢筋数量大、规格多,纵横钢筋网套、交叉,钢筋绑扎复杂、烦琐,施工进度慢,为此采用特殊的钢筋绑扎工艺,进行浮置板钢筋笼的绑扎安装作业,提高了浮置板钢筋笼的绑扎质量和速度。浮置板钢筋笼绑扎流程图如图 6 所示。

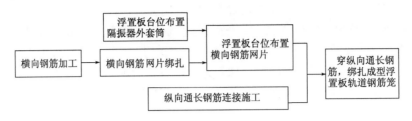

图 6 浮置板钢筋笼绑扎流程示意图

（1）加工钢筋

根据设计图纸,对不同规格的钢筋进行切断、弯曲,因浮置板加工成的钢筋规格、尺寸较多,要求加工完的钢筋按规格、型号分类堆码,方便后道工序施工。

（2）绑扎钢筋网片

对直、曲线浮置板的横向钢筋断面进行分析,钢筋横向配筋主要分为 6 种配筋断面形式,浮置板横向配筋断面分析图如图 7 所示,浮置板 3 号断面钢筋网片示意图如图 8 所示,将每个断面绑扎成钢筋网片。采用加工的"钢筋固定架"进行钢筋网片的绑扎作业,能准确固定断面不同位置钢筋的相对位置,提高钢筋网片绑扎的质量和速度。对加工成型的不同规格钢筋网片分类后集中堆放,方便后续工序施工。

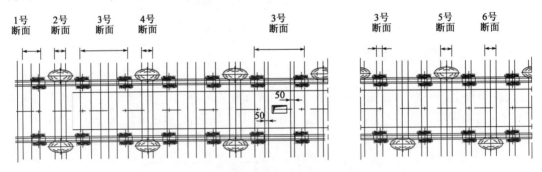

图 7 浮置板横向配筋断面分析图

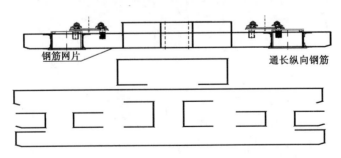

图 8 浮置板 3 号断面钢筋网片示意图

（3）纵向钢筋连接施工

根据设计及规范要求,将定尺的钢筋连接成 25m 通长的纵向钢筋(非标准板的纵向钢筋根据实际长度确定,曲线内外侧钢筋长度存在差异)。注意纵向钢筋连接接头位置在钢筋笼中应分散布置,并满足规范要求。设置钢筋连接台位方便钢筋连接作业,提高钢筋连接接头的质量和速度。

(4)绑扎浮置板钢筋笼

根据设计图纸布置及固定横向钢筋网片位置,一块板的横向钢筋网片固定完毕后,根据纵向钢筋设计位置穿浮置板纵向钢筋,并同横向钢筋网片进行绑扎。为了固定外套筒的位置,防止外套筒在吊运过程中移动,需将外套筒的吊耳固定于浮置板结构钢筋上。采用该特殊的钢筋笼绑扎工艺,浮置板钢筋笼的加工及安装划分为若干小工序,形成各工序平行流水作业,加快了钢筋绑扎进度,提高了浮置板钢筋笼的绑扎质量。

5.4.5 钢筋笼的防迷流焊接

根据设计要求,进行浮置板钢筋笼的防迷流焊接,确保纵横钢筋的电路流通。

5.4.6 钢筋笼轨排横向连接架及配件安装

浮置板轨架采用钢轨横向连接同垂直支撑分体式设计(图9),实现了直、曲线地段无枕形式轨道的钢轨轨底坡控制,解决直、曲线地段轨排架设丝杠垂直受力的难题,有效地保证了轨道几何尺寸的实现。

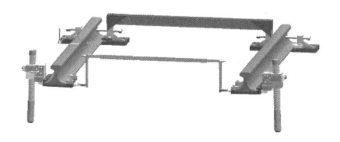

图9 浮置板分体式设计轨架模型示意图

(1)横向连接架的安装

浮置板钢筋笼绑扎焊接完毕后,在钢筋笼上固定钢轨位置,安装钢轨横向连接架,钢轨横向连接架示意图如图10所示。

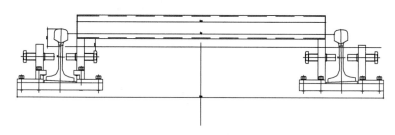

图10 钢轨横向连接架示意图

(2)配件的安装

根据设计位置安装铁垫板,布置铁垫板时注意铁垫板的内外侧方向、铁垫板同隔振器相对位置、铁垫板的间距(图11),是否满足设计及规范要求,同时注意曲线地段内外股长度差异造成铁垫板间距的变化。

当浮置板道床采用无枕设计时,需注意因铁垫板的大螺栓拧入尼龙套管后,在尼龙套管集中力的作用下,铁垫板下的胶垫产生翘曲变形,另铁垫板下由于胶垫表面不平整等原因,需采用木垫板替代铁垫板下胶垫,以确保混凝土浇筑时铁垫板底部混凝土的密实性。

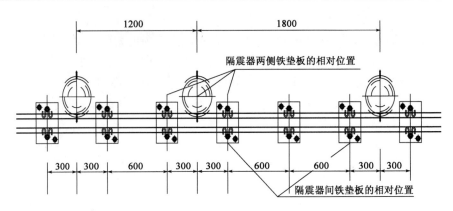

图 11 浮置板轨道隔振器同铁垫板相对位置示意图(尺寸单位:mm)

5.4.7 钢筋笼轨排的整体性加固及锁定

为了保证浮置板钢筋笼轨排的整体稳定性,满足钢筋笼的吊装及运输要求,避免轨排的变形和不同部位、结构之间的相互移位,采用专用器具对钢筋笼的整体性进行加固和锁定。浮置板钢筋笼轨排加固及锁定装置示意图如图 12 所示。

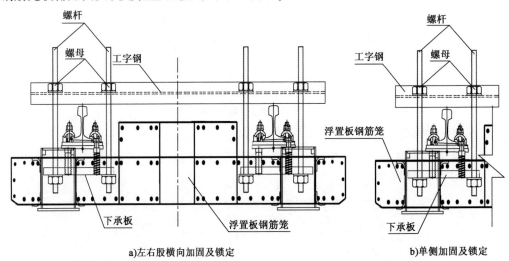

图 12 浮置板钢筋笼轨排加固及锁定装置示意图

5.4.8 钢筋笼的吊装及运输

浮置板钢筋笼轨排加固完毕后,用吊轨钳将浮置板钢筋笼轨排吊装至平板车上,轨道车运输至前方作业面。将浮置板钢筋笼轨排在起吊悬空状态的挠度控制在最小值,轨排吊点位置需通过计算及现场试验,确定轨排合理吊点位置,具体吊点位置如图 13 所示。

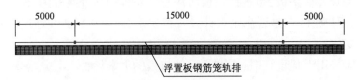

图 13 浮置板钢筋笼轨排吊点示意图(尺寸单位:mm)

5.5 轨道板的现场施工及浇筑

5.5.1 浮置板轨排的吊装及就位

轨道车推进轨排至铺轨门吊下,铺轨门吊吊运轨排至施工作业面,根据测量点位,调整轨排中心线及前后位置,确保钢筋笼中心线同设计轨道中心线的重合,浮置板的前后位置同测量的板端线重合。

5.5.2 浮置板轨排的检查及整修

因吊装运输过程中,浮置板轨排内部结构部件间可能产生一定的变形、位移,就位后需对钢筋笼轨排进行检查,对轨排结构部件存在的变形、位移进行整修。

5.5.3 轨道的架设及轨道几何尺寸的初调整

安装单腿支撑式轨架的托盘及丝杠,支撑架不大于3m设置一个,支撑架在直线段应垂直于线路方向,曲线地段应垂直线路切线方向,并将各部分螺栓拧紧,不得虚接。根据铺设地段线路的超高情况,选择单腿支撑架调节孔,确保轨架丝杠处于垂直状态,浮置板轨架单腿支撑部分示意图如图14所示。轨架安装完毕后,对轨道几何尺寸进行初调。

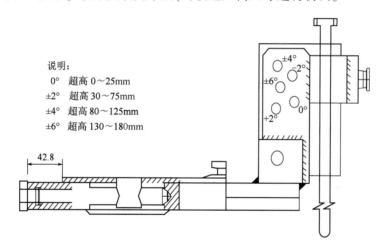

图14 浮置板轨架单腿支撑部分示意图(尺寸单位:mm)

5.5.4 安装浮置板钢筋笼其他部件

根据设计位置安装剪力铰、板端间隙模板、防迷流端子、泄水孔、检查孔、道床模板等部件。

5.5.5 轨道几何尺寸调整

根据铺轨基标,通过调整钢轨支承架各相关调节螺栓,调整轨道几何状态,用万能道尺、方尺、L形尺、锤球等工具,按设计和规范要求调整轨道的轨距、水平、高程、方向等几何尺寸。曲线地段还须增加对曲线外股正矢的调整及检查(利用10m或20m弦线)。具体轨道调整做法是:先调水平,后调轨距;先调基标部位,后调基标之间;先粗后精,反复调整。经过精调后,其精度必须符合无砟轨道铺设的技术标准要求。施工中严格按照"三步控制"的措施确保轨道的几何状态。

第一步:粗调。钢轨架设时按照中桩及高程资料初步调整轨道,初步调整完毕后,安装检查孔、防迷流端子、支立道床模板等。

第二步:精调。对轨道几何状态精确进行调整,采用目视及弦量的方法进行调整。

第三步:混凝土浇筑后检查。混凝土施工中可能对轨道几何尺寸产生影响,要求在混凝土浇筑完毕后,混凝土初凝前,立即安排人员进行检查及调整。其精度允许偏差应符合曲线允许偏差的规定见表1,轨道几何形态的允许偏差的规定见表2。

曲线允许偏差表　　　　　　　　　　　　　　　　　　　　　　　　表1

曲线半径(m)	缓和曲线正矢 与计算正矢差(mm)	圆曲线正矢 连续差(mm)	圆曲线正矢 最小值差(mm)
≤650	2	3	5
>650	1	2	3

轨道几何形态的允许偏差表　　　　　　　　　　　　　　　　　　表2

序号	检查项目	偏差要求
1	扣件间距	±5mm
2	轨距	+2、-1,变化率≤1‰
3	水平	2mm
4	扭曲	2mm
5	轨向	直线不得大于2mm/10m弦,曲线见正矢偏差表1
6	高低	轨面目视平顺,最大矢度≤2mm/10m弦
7	中线偏差	2mm
8	高程	±5mm
9	轨底坡	1/35～1/45

5.5.6　浮置板道床混凝土立模及浇筑

(1)因轨道板结构尺寸(中部断面凸出),道床板需采用二次浇筑的施工方案进行施工。第一次浇筑高度为铁垫板底部位置,二次浇筑浮置板中间凸台部分混凝土。

(2)道床模板根据两次浇筑混凝土的要求,分别支立道床板两侧模板、凸台两侧模板。模板采用不易变形的钢模板。道床模板必须平顺,位置正确,并牢固不松动。

(3)浮置板道床混凝土运输根据现场实际情况,可灵活采用轨道车运输混凝土或固定泵直接泵送至浇筑位置的方案进行整体道床混凝土浇筑施工。混凝土浇筑前,用编织带覆盖钢轨、扣件、外套筒、轨架,以免对其造成污染后难于清理。

(4)混凝土灌筑时采用插入式振捣棒进行捣固,并不得碰撞钢轨、模板、轨架,特别是套筒周围、铁垫板下等不容易捣固密实的部位,应加强捣固,确保整体道床混凝土的密实性。

(5)二次浇筑凸台混凝土前,注意新旧混凝土的结合面的处理,满足施工及设计规范要求,施工前对混凝土结合面松动石子或松散混凝土层凿除,并应用水冲洗、湿润,彻底清理干净。

(6)混凝土施工前对浮置板钢筋笼进行全面检查,混凝土施工完毕后,应加强对模板的校正,按照设计的尺寸及允许偏差认真检查各部位几何尺寸。

5.6 轨道清理

施工完毕后,对钢轨、扣件、混凝土道床等进行清理。

5.7 浮置板顶升作业

(1)当混凝土浇筑28d后,且达到设计强度,用厂家提供的专用液压千斤顶从浮置板支承基础上抬起浮置板,使浮置板顶升达到设计顶升高度。顶升时隔振器组装内部示意图如图15所示。

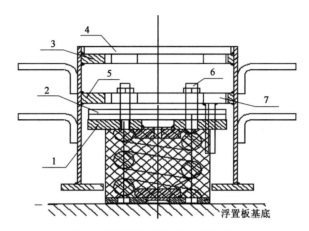

图15 浮置板隔振器内部结构示意图
1-上支承板;2-调平钢板;3-上挡环;4-外套筒盖子;5-下支架;6-螺栓;7-安全板

(2)为了测量浮置板水平变形,在每块浮置板上布置8个测量点,测量浮置板的水平。

(3)去掉外套筒上的盖子4,检查外套筒内是否干净,是否潮湿,在隔离层上割一个圆孔,在需要安装固定销的隔振器基础环中心钻孔,压入定位销。安装定位销完毕后,利用安装杆把隔振器放到外套筒里,落在浮置板支承基础上。支承板与外套筒之间有足够的空隙,旋转弹簧组使三角形状的上支撑板1的三个角和焊在外套筒内壁上的5相平。取出安装杆。利用放在隔振器上的液压千斤顶的液压柱塞顶住上支承板1,直到三个爪低于上挡环3。由压差控制的压力作用在上支承板1上并作用到浮置板支承基础上,作用在支撑架上的反作用力抬起浮置板。

(4)考虑到浮置板和剪力铰的受力,浮置板至少要分3~4步顶升,最后达到设计的顶升高度。每一步的顶升高度,要通过放置在下支架5和上支承板1之间的调平钢板2来控制。调平钢板的形状和上支承板1的形状一致。为减小调平钢板2和下支架5之间的缝隙,把力传递到外套筒上,调平钢板2、5和上支承板之间的接触面必须水平。最后测量浮置板顶升高度,检查是否达到设计要求。

(5)根据轨道几何尺寸,如需进行高度调整,可以通过调平钢板2对浮置板高度进行调整。

(6)安装完隔振器,并达到设计要求后,要把安全板7放置于调平钢板2上,并通过螺栓6与内筒连接在一起,防止调平钢板移动。利用螺栓固定安全板,保证传力可靠。

5.8 劳动力组织

本工法劳动力组织见表3。

浮置板轨道"钢筋笼轨排法"施工劳动力组织(50m/d) 表3

序号	项目	分工	人数(人)	说明
1	铺轨基地钢筋笼轨排拼装	钢筋加工	22	浮置板基底钢筋切断、加工,浮置板钢筋切断加工,浮置板钢筋网片加工
2		钢筋笼绑扎安装	20	浮置板套筒安装/钢筋笼的拼装
3		钢筋笼焊接	4	浮置板钢筋笼焊接及防迷流焊接
4		轨道架设	4	钢轨横向连接架安装/钢筋笼加固/上铁垫板及尼龙套管
5	浮置板基底回填施工	清理基底	2	基底的垃圾杂物清理、工艺孔的泥浆清理
6		安装走行轨	9	拆卸、安装走行轨支墩及走行轨
7		基底钢筋绑扎	10	负责基底钢筋的运输、绑扎
8		基底钢筋焊接	2	负责基底钢筋的焊接
9		基底立模板	8	拆卸基底水沟模板及基底水沟立模
10		基底混凝土施工	25	混凝土的运输、浇筑、收面/基底横向沟的设置
11	浮置板道床施工	铺设水沟盖板/铺设隔离层	3	基底的清扫,进行水沟盖板的铺设、隔离膜的铺设及固定
12		轨排运输/就位/轨道几何尺寸调轨	6	轨排的运输、洞内的吊运、就位、轨道几何尺寸的调整
13		剪力铰/伸缩缝木板、检查孔切割及焊接、排水管安装	8	剪力铰的安装、伸缩缝木板的安装、检查孔的焊接、切割固定焊接至铁盖板、排水管孔的切割焊接及安装
14		道床立模板及倒运/道床木垫板的拆卸及更换	14	模板的拆卸、倒运,立模及校模,模板涂油整修
15		道床及凸台混凝土浇筑	6	同基底混凝土浇筑
16		凸台立模及拆模	8	凸台的立模、拆模及倒运
17	其他	线路安装及电工	2	电线路安装、检测及维修
18		配合人员	8	门式起重机司机/铺轨门吊司机

6 材料与设备

本工法采用的机具设备见表4

主要机具设备 表4

序号	分类	设备名称	规格	单位	数量	备注
1	运输及吊装设备	门式起重机	10t	台	2	
2		地铁专用轨道车	JY-290	台	1	
3		地铁专用轨道平板车	PD25	辆	2	
4		专用铺轨门吊	DP-10	辆	2	
5		门吊走行轨	24kg/m	双m	550	

续上表

序号	分类	设备名称	规格	单位	数量	备注
6	工器具	专用轨架		套	72	研制
7		钢筋笼钢轨锁定装置		套	60	研制
8		基底中心水沟模板		m	300	自制
9		轨道板侧模板		双m	200	自制
10		中部凸台侧模板		双m	200	自制
11		浮置板顶升设备		套	2	专用
12	钢筋加工及焊接设备	钢筋弯曲机	GWB-40	台	3	
13		钢筋调直机	GT-8	台	1	
14		钢筋切断机	GQ-40	台	2	
15		电焊机	350A	台	8	
16		钢筋网片绑扎台位		个	2	自制
17	混凝土施工设备	插入式振动器		台	3	混凝土捣固用
18		混凝土压力泵		台	1	泵送混凝土
19		泵管		m	200	混凝土输送管（根据实际确定长度）
20		混凝土自卸吊斗	2.8m×1.2m×1.2m	个	2	轨道车运输混凝土料斗
21	测量设备	水准仪	DS3级	台	1	
22		全站仪	2″级	台	1	
23		万能道尺		把	2	
24		方尺		把	2	
25		L形尺		把	2	

7 质量控制

（1）严格执行《地下铁道工程施工及验收规范》（GB 50299—2018）及《城市轨道交通工程测量规范》（GB/T 50308—2017）。混凝土浇筑必须满足《铁路混凝土与砌体工程施工质量验收标准》（TB 10424—2018）要求。

（2）加强现场施工技术指导和质量监督，安排技术人员专门负责本分部工程技术工作。对于隔振器中心基底定位、平整度控制等施工重点项目，进行跟班逐点测量放线。

（3）对浮置板钢筋笼进行加固，严格控制钢筋笼轨排在加工、运输、吊装过程中的变形。

（4）浮置板钢筋笼轨排铺设时，严格控制设计线路中心线（调线调坡后）、浮置板钢筋笼中心线、钢轨中心线，确保"三心"重合，误差满足设计要求。

(5)施工中严格按照"三步控制"的措施确保轨道几何状态。先调水平,后调轨距;先调基标部位;后调基标之间;先粗后精,反复调整。精调精度必须符合轨道铺设的技术标准要求。

8 安全措施

建立健全项目安全生产责任制度,对施工生产中的危险源进行辨识,采取安全教育培训和安全生产保障措施,加大检查处罚力度,确保施工安全的全面受控。

(1)抓好全员安全教育

重视对员工的安全教育及培训。按规定为每个员工建立了三级安全教育卡,加强对特殊工种作业人员培训,规范施工作业。

(2)加强对铺轨施工重大危险源的控制

以现场施工用电、轨道车运行、起重吊装等重大危险源为施工环节安全控制的关键,加强对现场安全的控制。编制详细的工程车运行、施工用电、起重吊装等方案。坚持班前安全讲话制度,班组针对前一天的工作进行点评,针对当日的施工内容提出要求。加大对现场安全施工的检查力度,采用例行检查、专项检查和突击抽检等方式,加强现场施工安全工作的跟踪、监控和奖惩力度。

(3)加强机械设备管理

建立机械设备台账,严格履行机械设备进场报验程序,及时对机械设备进行检验、检测,加强对机械设备的定期保养、检修。对施工机具配备配套的安全防护设施,对电焊机安装二次侧空载降压保护装置,电箱三级配电两级保护等。

(4)合理划分施工工序

因浮置板工序繁杂,施工中对工序进行合理划分,各道工序应保持适当间隔,并有机衔接与配合,避免同较大危险的作业同步施工。

9 环保措施

(1)切实贯彻环保法规,严格执行国家及地方政府颁布的有关环境保护和水土保持的法规、方针、政策和法令,结合设计文件和工程实际,及时提报有关环保设计,按批准的文件组织实施。

(2)制定扬尘、噪声、夜间光污染控制等专项方案,尽力降低施工对周边居民干扰和对环境的影响。对有害作业场所进行主动监测,对从事有害作业的人员配备必要的防护用品。采取切实有效措施,不使有害物质(如燃料、油料、化学品以及超过允许量的有害气体和尘埃、弃渣等)污染场地周围的环境。

(3)合理布局施工区域及生活场所,施工及生活污水排放需三级沉淀。施工营地和施工现场的生活垃圾,要经常清理打扫,分类集中处理;施工和生活中的废弃物经当地环保部门同意后,运至指定地点。对于施工中废弃的零碎配件、边角料、水泥袋、包装箱等及时收集清理并搞好现场卫生。

(4)加强项目部的卫生防疫。对生产、管理人员定期进行健康检查,对生活区域定期进行消毒。

10　效益分析

"钢筋笼轨排法"浮置板道床施工新技术,将劳动力成本由散铺的90万元/km降低至45万元/km左右;整体道床每公里节约项目成本约2.5万元。上海、北京、西安项目劳动力直接节约成本分别是390万元、200万元、80万元;全线整体道床分别节省136万元、100万元和96万元左右;自主研制施工机具、设备的成功应用,提高了施工工效,加快了施工进度,降低了劳动者作业强度,分别为项目节约成本约72万、75万和50万元。

浮置板轨道"钢筋笼轨排法"施工新工艺的应用,提高了浮置板道床施工的工效,节约了工程成本,改善了现场人员作业环境,缩短了项目建设周期,突破了浮置板轨道在应用及施工领域的瓶颈,达到目前国内浮置板轨道施工的领先水平。该施工工法将传统散铺法浮置板6~8m/d每面的施工进度提高到平均50m/d每面,工效提高了近6~8倍。工期提前使项目能够提前发挥交通功能,提前给予当地人民交通便利,赢得当地政府和老百姓的一致好评,经济效益和社会效益比较显著。

11　应用实例

上海轨道交通10号线一期工程整体道床施工约75km,其中浮置板道床地段长约8.73km。采用此工法进行浮置板整体道床施工,效果显著,单作业面平均施工进度为50m/d,最高施工进度于2009年5月16日~5月22日连续7天完成浮置板整体道床浇筑521m,单作业面平均约75m/d,仅用四个月的时间就完成了浮置板轨道的施工任务,大大缓解了全线工期压力,并保证了工程质量。截至目前,该工法已在国内北京、西安、广州、深圳等地铁项目推广应用。于2009年11月份实施的西安地铁2号线1.66km的浮置板整体道床,2010年实施的北京市轨道交通亦庄线4.269km的浮置板整体道床,采用此工法顺利按期保质地完成了道床的施工,平均施工进度55m/d每面。该工法科学先进,实用高效,有效解决了施工工期同施工进度的矛盾,形成了国内施工专利技术,进一步体现了该工法的先进性和优越性。随着国内轨道交通的快速发展,该工法具有极大的推广应用价值和广阔前景。